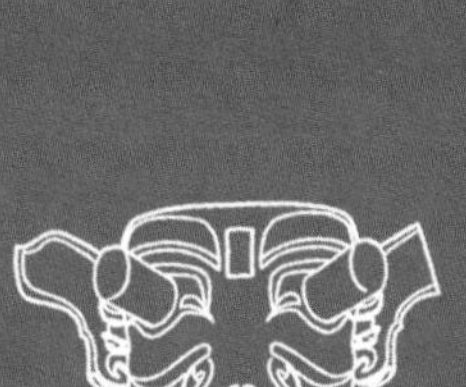

此书

写给生活在中国的中国孩子看

写给生活在外国的中国孩子看

写给想认识中国的外国孩子看

刘兴诗爷爷讲中国人文地理

骑龙旅行记

川藏 云贵

刘兴诗 著

长江出版传媒 | 长江少年儿童出版社

序言

我出生在“九一八事变”发生的那一年，被洪水淹没的武汉。2018 年，我 87 岁，来日不会太多了。

我的三个小孙子（外孙）还很小。小孙子才从幼儿园到小学。到小学报到的头一天，老师问他喜欢什么，他脱口而出就是“动画片”三个字。外孙才进初中，外孙女上小学四年级。更加头疼的是，外孙和外孙女在国外，连中国话也不怎么会说。我看不见他们成长了，不知道他们以后会成为什么样的人，心中的惶惑可想而知。我觉得，自己一辈子写了那么多的书，有必要专门给他们写一套，让他们听一听爷爷留下的话，才算得上是做爷爷的责任。这既然给自己的孙子看，当然也可以给别的孩子看。面对三个孙辈，我应该给他们讲什么？

首先应该学习做人。懂得一些最基本的民族传统文化道德，认识一些值得学习的历史人物。要让他们知道，爱自己的国家和人民，做一个堂堂中国人多么荣耀，肩上的责任有多重，应该怎么接过一代代祖辈传承下来的民族接力棒。这一点，最最重要，是人生最根本的大事。

这本书和我过去的作品有些不一样。既然是教育自己的孙辈，那么必须讲一些家事，让他们知道一些家族的历史，祖辈是怎么努力奋斗的，多少有一丁点儿自传的成分。尽管小小的家事不足以和国家大事相提并论，但是昔日明末东林先贤顾宪成把家事和国事、天下事相提并论，认为都事事关心，表明了这个观念。没有国，哪有家？反过来，我们的国也包含了无数平凡的家庭。

爱自己的家，一个根本前提必定是爱国，所以家与国不可分。古人十分强调家国情怀，就是这样的道理。

这不仅是一本内容丰富的历史、地理书，还是引导自己的孙辈学习的手册。我们的国家太大了，应该从他们熟悉的故乡成都和四川入手，一步步认识全国。所以许多省区详略不一，有的甚至简单得不能再简单，也是要请大家体谅的。

刚写完的这一套是“骑龙游南方”，有时间还得接着写北方。学习传统文化道德，重点还在中原大地。但是人活到这个份上，已经八十有七了，快要触摸着死亡之门，必须抢时间做的事情很多，认真列出了一个长长的清单。以后有时间、有可能，再接着写下去吧。但愿我还有时间，完成这个工作。如果真的没有这个可能性了，也要请大家多多原谅。请大家了解、理解、谅解我！

刘兴诗，于成都理工大学东苑家中

角色介绍

爷爷

慈祥、幽默且乐观，年近九旬，是一位知识渊博的地质学家。虎娃的亲爷爷。

孝哥

中外混血，初中一年级学生。勇敢无畏、热爱探险。生活在国外，但有一颗如假包换的“中国心”。

杏儿

孝哥的亲妹妹，小学四年级学生。活泼开朗、善解人意。因出生在杏花开放的春天，所以被取名“杏儿”。

虎娃

孝哥和杏儿的表弟，生活在成都。因出生在虎年，所以叫“虎娃”。虎头虎脑的，像只可爱的小老虎。

青铜龙

青铜色的中国龙，身上的青铜鳞片闪烁着金属般的奇异光泽，威风凛凛。它知识渊博、睿智沉稳，且拥有穿越时空的超能力。

目录

开篇语：孝哥、杏儿、虎娃和成都

请听，这是孝哥、杏儿和虎娃的故事。

杏儿是谁？

这是一个小女孩。因为她出生在杏花开放的春天，所以叫这个名字。

孝哥呢？

他是杏儿的哥哥。兄妹俩都住在国外，可有一半中国的血统，也是半个中国人，都有一颗真正的中国心！

“孝”这个字好啊！

咱们中国有一句老话：“百善孝为先。”

爷爷告诉他们：“咱们的祖籍是四川省德阳市孝泉镇。老祖宗是随着清朝‘湖广填四川’的大潮，从广东梅州兴宁市福田镇，迁移到这儿来的客家人。”

孝泉呀，孝泉，就有一个流传上千年，“安安送米”的“孝”的故事，所以才叫这个名字。

我们的祖先是最贫穷的农民。他们挑着一个担子，前面的箩筐里坐女儿，后面的箩筐装儿子，跨过万水千山，一步步走到四川开荒落户，多么艰苦，多么值得尊敬。

客家人就是古代中原地方发生战乱，逃亡到南方安家的人群。我们的家族接着再往上追溯，是在唐朝末年，黄巢之乱的时候，从河南洛阳逃到福建宁化，再搬迁到广东的。所以有一次爷爷到洛阳演讲，开始第一句话就说："乡亲们，唐朝的老乡回来了！"下面立刻响起热烈的掌声。

爷爷告诉孩子们，不管河南、福建、广东、四川，大家都是中国人，这才是最重要的根本。做一个中国人多么荣光，永远也不要忘记自己的祖国是中华。

"孝"呀"孝"，最重要是"大孝"。孝哥叫这个名字，就得好好孝敬辛苦抚养他和妹妹长大的妈妈，才能更加"大孝"自己归属的祖国。

忠孝仁爱、信义和平，自古以来就是咱们中华民族的基本道德标准。这样的好传统，可不能随便丢掉了。

虎娃是谁？

他是孝哥和杏儿的小弟弟，因为是在虎年生的，所以叫虎娃。这孩子虎头虎脑的，好像一只可爱的小老虎，取这个名字再合适不过了。

虎娃的家乡在成都，和爸爸、妈妈住在城里，常常到城外爷爷奶奶的家里来玩。孝哥、杏儿原本在国外，满嘴冒的都是叽里呱啦的外国话。妈妈皱着眉头说："这好，也不太好。不管怎么说，你们也算是中国孩子，身上流着和妈妈同样的中国血液。回中国

去，和爷爷奶奶在一起，好好学习中国话，见识见识咱们古老的中国，再回妈妈身边来吧。”

虎娃的学名叫思睿。这是他的爸爸妈妈取的，希望他思想敏锐，做一个会动脑筋的聪明孩子。爷爷就给孝哥、杏儿取名为思华、思蓉，叫他们牢牢记住，永远也不忘记祖国中华、故乡成都。

在妈妈的安排下，孝哥和杏儿就这样到了位于中国内地的成都，和虎娃弟弟生活在一起。

远隔大海的内地才好呀！这儿保存着“最中国”的元素，古老中国的味儿最浓最浓。让孩子们从这儿起步认识咱们古老的国家，再好也没有了。

全世界的孩子都是语言的天才，聪明的孝哥和杏儿也一个样，很快就学会了中国话，满口冒着成都的土音，和周围的小朋友们打得火热。爷爷点头说：“这就好！往后再到处走走，好好看一看咱们中国的山川，熟悉一下古老的文化，那就是纯中国孩子啦。”

认识古老的中国，从哪儿开始？

就从面前起步吧。只要在中国，不管哪儿都有中国的元素。成都也是一样的，从这儿起步很好呀！

成都的古迹很多很多。读过《三国演义》的孩子都知道，这儿是刘备和诸葛亮的大本营，有许多许多三国故事。这儿是大熊猫的故乡，也是麻婆豆腐、宫保鸡丁起源的地方。这儿有都江堰、薛涛井，还有神秘的金沙古国。

说起成都就想起蜀国。可是这儿的蜀国太多了，你说的是什么蜀国呢？

有刘备、诸葛亮的蜀汉，五代时期的前蜀、后蜀，还有神秘兮兮的三星堆和金沙古蜀，统统是“蜀”。不管前面的还是后面的，每个蜀国都有非常精彩的故事。从这里起步阅读咱们中国的历史，到底是哪一个蜀国，可要分清楚呀！

成都有许多古老的街道。

听一听，这个古城里有青石桥、卧龙桥、三洞桥、九眼桥、驷马桥，加上原本在城边、现在已经在新城市圈子里的二仙桥、五桂桥、水碾河、跳蹬河、摸底河，等等。在一些古老的四合院里，还有一口口水井，浅得没有一竹竿深，可以想象从前这里必定是一座美丽的“水城”。

这里还有商业场、盐市口、牛市口、骡马市、羊市街、草市街，等等，也可以想象从前这里商业非常繁盛，不知多么热闹。

到宽巷子去看看吧，一个个深深的院落，保存着浓浓的古风。

到窄巷子去瞧瞧吧，一道高墙上还留下拴马扣。侧着耳朵仔细听，似乎还能听见青石板路上，从遥远的古代传来嗒嗒响的马蹄声呢。

不消说，这儿还有许多有名的小吃。一说起赖汤圆、钟水饺、蛋烘糕、三大炮什么的，三个孩子就馋得直流口水，缠着爷爷、奶奶带他们去吃。

还有呢，这儿的川剧也很吸引人呀！特别是变脸的绝活，一转身子就变一张奇奇怪怪的面孔，真有趣呀！

爷爷带着三个孩子东走走西逛逛，慢慢认识古老的成都。成都的味儿很悠长、很悠长，也很浓、很浓。

这就是中国。

这就是古老的中国。

这就是古老中国的一个缩影。

孩子们太小，中国太大，是一本深沉的“大书”，一下子看不完。要想看完大中国，就得扎下根来，认认真真看。

爷爷说：“你们就先了解一些故乡成都和四川。别的地方先走马观花看一看，以后长大了，再慢慢认识吧。”

是呀，其实故乡可看的也很多，不可能一下子看完，先有一些印象也好。

是啊，这话不错。爷爷就这样定了调子，这本书就这样写下去。孩子们也就这样慢慢看下去，迈开步子，一步步走出去了。

走吧，走吧，细细读故乡，走马看全国……

古文窗

【关于成都的古诗词】

上皇西巡南京歌十首（其二）

唐·李白

九天开出一成都，万户千门入画图。
草树云山如锦绣，秦川得及此间无。

赠花卿

唐·杜甫

锦城丝管日纷纷，半入江风半入云。
此曲只应天上有，人间能得几回闻。

杜工部蜀中离席

唐·李商隐

人生何处不离群？世路干戈惜暂分。
雪岭未归天外使，松州犹驻殿前军。
座中醉客延醒客，江上晴云杂雨云。
美酒成都堪送老，当垆仍是卓文君。

成都曲

唐·张籍

锦江近西烟水绿，新雨山头荔枝熟。
万里桥边多酒家，游人爱向谁家宿？

临江仙·送王缄

宋·苏轼

忘却成都来十载，因君未免思量。凭将清泪洒江阳。故山知好在，孤客自悲凉。

坐上别愁君未见，归来欲断无肠。殷勤且更尽离觞。此身如传舍，何处是吾乡。

梅花绝句

宋·陆游

当年走马锦西城，曾为梅花醉似泥。
二十里中香不断，青羊宫到浣花溪。

杏儿的梦：一个不打五更的古城

孝哥和杏儿从国外回来，瞧见成都有许多水井，觉得很稀奇：难道成都是漂浮在水上的吗？

奶奶说：“是呀！成都原本是一片汪洋大海。城里从来不打五更，就和这件事有关系。”

晚上，杏儿做了一个梦，梦见成都变了另一个样子。一幢幢火柴盒子似的大楼房一下子就不见了，变成一个个低矮的四合院。院子里长着一棵棵碧绿的大树，树荫里藏着鸟窝。一群群鸟儿飞起来，叽叽喳喳叫着，好听极了。许多院子里还有假山、水池，池子里一条条金鱼自由自在游来游去。浅浅的井水冰凉凉的，把西瓜放进水桶，浸泡在水井里，再慢慢提起来，切开咬一口，哇！那可是透心凉，一点儿也不比冰箱差。杏儿想，古人就是这样过夏天、吃西瓜的吧？

这座古城里，穿流着一条条清亮亮的小河，飞跨着一座座青石板桥，加上一些大大小小的池塘，真的是一座名副其实的水城。

这是三国时期蜀汉的都城。穿过巍峨的外城墙，城中心还有一圈古色古香的内城墙，里面就是当年刘备居住的皇城。

杏儿记得白天瞧见成都的样子，怎么一下子就变得认不出来了？梦里的这些被浓浓树荫遮掩的窄窄小巷、一重重深深的院子，白天统统变成了积木一样搭起来的高楼大厦，四四方方、高高低低，活像一个水泥大森林，实在太可惜了。

唉，我们的城市，要是还能留下更多更多古老历史的痕迹，每座城市都有自己的性格，那该有多好呀！

唉，如果旧城不是按照一个模子改造，而是认真保护，要想修新城，就到城外去另外开辟一块地盘，该有多好！

天色渐渐晚了，杏儿躺在床上要睡觉了。

静静的夜里，她似乎飞回到古代，窗外忽然传来一下下打更的声音。

梆……梆……梆……

打完了一更，天渐渐黑了。

梆梆……梆梆……梆梆……

打完了二更，已经是上半夜了。

梆梆梆……梆梆梆……梆梆梆……

打完了三更，已经半夜了。

梆梆梆梆……梆梆梆梆……梆梆梆梆……

打完了四更，已经到下半夜了。

夜色渐渐消退，天边有一些微弱的亮光了。一直等到天亮，也没有听见打五更的声音……

成都古城是一座名副其实的水城，穿流着一条条清亮亮的小河，飞跨着一座座青石板桥。华灯初上，古城景色如素净中泼进了浓墨重彩，让人流连忘返。

为什么成都的水井特别多

杏儿醒了，想起昨晚的梦，好奇地问爷爷奶奶。

奶奶说：“我说过了，成都所在的位置原本是一片海。人们要修建城市，只好向海龙王借一块地皮。约好了，一打五更就把地还给他。海龙王老老实实等着，想不到成都从来也不打五更，打完四更就不再打更了。海龙王上了当，永远收不回这块地皮了。因为成都是从大海演变的，所以水井特别多。”

“不，”爷爷摇头说，“成都不是漂浮在海上的浮萍，而是众多河流冲积形成的平原，地下水丰富。”

原来成都坐落在一片山前平原上。从西边大山里出来的河流，出山后，流速减小了，堆积了大量泥沙和卵石。河流在开阔的平原上摆来摆去，生成了一个特殊的冲积扇。不管河水还

盆地 是一种四周高、中间低的地貌类型。形成盆地的原因很多，像四川盆地这样的大盆地，大多是地壳断裂沉陷，或者周围山地、高原抬升，从而形成的构造盆地。同样的原因，也能在山间形成小型构造盆地。

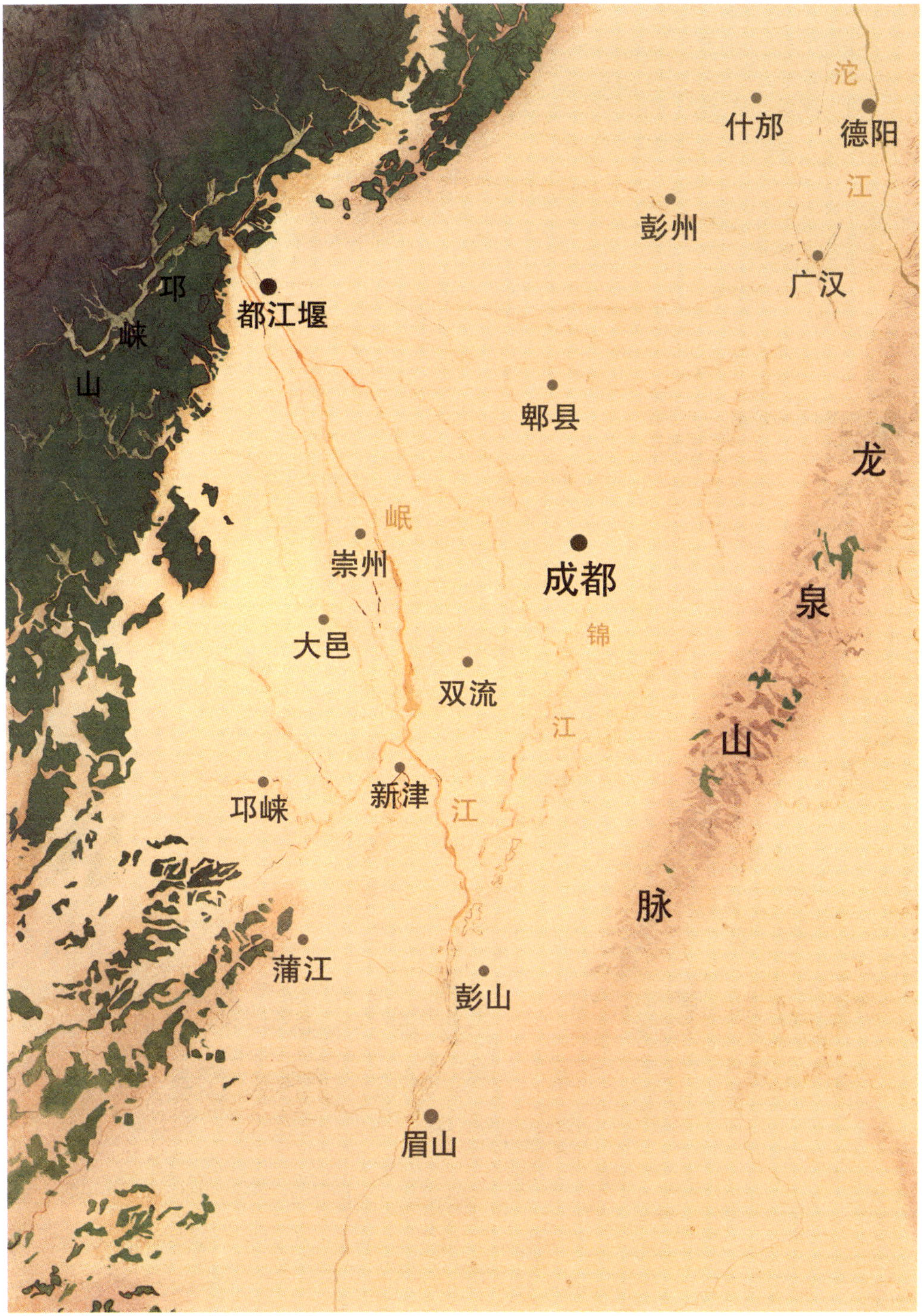
沱
江
什邡
德阳
彭州
广汉
邛
崃
山
都江堰
郫县
龙
泉
山
脉
岷
崇州
成都
锦
江
大邑
双流
邛崃
新津
江
蒲江
彭山
眉山

是地下水，都顺着倾斜的冲积扇，向东面的边缘流去。成都正好在岷江冲积扇的边缘，所以地下水特别丰富，而且在地表下埋藏得很浅，这就有了向海龙王借地皮的传说。

城里的小河呢？

爷爷叹一口气说："后来有人说，这些小河妨碍交通，都被填平了。有的小河被断了水，人们利用旧河道，在河道上面加一个盖子，把它们改造成人防工程。"

刘备的皇城呢？

爷爷又叹一口气说："有人说，这是老封建，也被拆掉了。"

水城，就这样变成了一座旱城。说起来，真有些可惜。

成都又叫**锦官城**。

杏儿不明白：为什么叫这个名字？

爷爷告诉她，因为这儿的丝绸非常好，是有名的蜀锦，古时候专门派官员管理，所以成都就叫这个名字。

锦官城

成都是南方丝绸之路的起点，早在两千多年前，成都的丝绸就天下闻名了。城边漂洗锦缎的一条江，叫作锦江。西汉时期专门设了锦官，管理这儿的丝绸业，所以成都又叫锦官城。

一个穷诗人的“茅屋”

在成都的西门外，有一条很小很小的河。它很安静、很安静，静得连水泡儿也没有一个，悄无声息地慢慢往前流淌。河边一排大树下，稀稀拉拉坐着几个钓鱼人，有的满头花白头发，有的把草帽压得低低的，看不清帽檐下的面孔，也都静静地不说一句话。

河边一道长长的围墙，围墙里透出一丛丛大树的影子。仔细听，里面时不时传出一阵阵蝉鸣和鸟儿清脆的叫声，却没有一丁点儿嘈杂的人声，显得非常安静。

爷爷带着姐弟仨，顺着长长的围墙慢慢走，来到了大门口。门很宽很大，两边挂着两块门联，上面写着：“万里桥西宅，百花潭北庄。”门额正中央，写着“草堂”两个字。

这是什么地方？

爷爷说：“这就是杜甫草堂呀！”

杜甫草堂是怎么一回事？

爷爷说：“杜甫是一位有名的唐朝诗人，草堂就是他从前住的地方。”

中国孩子不知道唐朝不成，不知道杜甫也不成。爷爷带领孩子们认识成都和中国，就从这儿开始吧。

杜甫草堂很大很大，里面有许多古色古香的亭台楼阁，还有很多竹子和树，非常美丽、非常幽静。

孝哥好奇地问：“**杜甫**的家这么大，他是一个大富翁吗？”

爷爷摇摇头说：“不，他很穷很穷，穷得只有一间破草屋。一阵风吹来，就把屋顶的茅草吹得满天飞。”

杏儿不明白，问：“他这样穷，怎么有这么大的花园？”

爷爷低头沉思，似乎半对孩子们半对自己低声说：“不，他很富。虽然没有钱，他的精神世界却非常富有。从前那些皇帝、王爷、有钱有势的达官贵人，谁也比不上他。”

往前慢慢走了几步，爷爷这才一字一句回答：“因为他是伟大的爱国诗人，这是后来人们纪念他才修建的花园。好好纪念他，也是为了唤醒人们的爱国热情。”

在这个纪念他的大花园里，不消说有很多他留下的诗句，有的题写在匾额和柱子上，有的镌刻在石头上。爷爷带着孩子们慢慢走，边走

杜甫（712—770）

唐代著名现实主义诗人。他共有约1500首诗歌被保留了下来，在中国古典诗歌中的影响非常深远，被后世尊称为“诗圣”，他的诗被称为“诗史”。

边念杜甫的诗，孩子们深受感染。

是啊！是啊！带领三个小毛孩子认识古老的中国，就从这个贫穷而伟大的诗人开始，真是再好也没有了。

孩子们走进杜甫的“老家”，都想看看他是什么样子。

抬头看他的塑像。他瘦瘦的，好像老是饿肚子，营养不良的样子。

杏儿、虎娃只知道玩，不懂什么是诗。学历史，也得慢慢来，着急可不成。孝哥可懂事了，跟着爷爷仔细读题写在墙上、石头上的诗句，慢慢读懂了这位伟大的诗人。

孝哥抬头看着又干又瘦的杜甫老爷爷，忽然瞧见塑像眼角沾了一些水。

咦，天上没有下雨呀，怎么会沾湿眼前的塑像？

他再仔细一看，才看清楚，原来是塑像自身沁出了一些水珠儿，嘴唇轻轻动了一下，慢慢吐出几句诗：

国破山河在，城春草木深。
感时花溅泪，恨别鸟惊心。
烽火连三月，家书抵万金。
白头搔更短，浑欲不胜簪。

噢，那是烽烟滚滚的乱世，整个天下和诗人的心，都在激烈动荡，很不平静。

杜甫瞧着美丽的鲜花，也会因感怀时事而流淌眼泪，听见鸟儿欢快的叫声，也会深深震撼心灵。他的心里没有自己，只有受难的国家、社会和人民，不愧是真正的爱国诗人。

咦，这个青铜塑像怎么会流眼泪、动嘴唇，还会吟唱出诗句？

杏儿、虎娃瞧见他的嘴唇在动，不知道是怎么一回事。

爷爷却没有看见，当然也不会听见。

说来一点儿也不奇怪。因为只有孩子才有这样神奇的本领，可以走进童话和神话世界里。要不，怎么叫孩子呢？

孝哥仔细听，随着一声深深的叹息，杜甫又在吟诗了。这首诗很长很长，其中两句听得清清楚楚。

安得广厦千万间，
大庇天下寒士俱欢颜……

啊，杜甫，自己住着破草屋，心里却想着普天下穷苦的老百姓，多么爱国家、爱人民呀！

哼，从前那些有钱有势的官老爷在哪里？早就被历史淘汰得没有一丁点儿影子了，只有这位伟大的诗人才在记忆中留传下来，永远受到人们尊敬。

爷爷带着三个孩子在杜甫草堂参观了很久很久。杏儿、虎娃玩够了，孝哥也懂得了许多东西。

杜甫真了不起！这才是值得塑像纪念的历史人物。

中国有这样的诗人真值得骄傲，咱们的民族真了不起！

孝哥牢牢记住了，要像杜甫一样爱国、爱人民。

杏儿、虎娃，不能老是贪玩，也得好好学习才好呀！

小毛孩子嘛，什么都得慢慢来呀。

看着面前三个天真的孩子，爷爷宽容地笑了。

窗含西岭千秋雪，门泊东吴万里船

走进杜甫草堂，孝哥就想起了一首诗。

两个黄鹂鸣翠柳，一行白鹭上青天。
窗含西岭千秋雪，门泊东吴万里船。

他问爷爷："两只黄鹂、一队白鹭可以看见。为什么现在瞧不见西边的雪山，草堂门口也没有东吴来的船了？"

其实不仅是唐朝的杜甫，南宋的陆游在同样的地方，也常常看见"连峰积雪苍茫间"呢。可见古时候在这儿，抬头就能瞧见西边的雪山，一点儿也不稀奇。

爷爷叹一口气说："环境被破坏了呀！"

唉，不管三七二十一乱砍森林，工厂冒黑烟，汽车冒尾气，弄得雾霾沉沉，有时候连马路对面的人影也看不清，还能像杜甫一样，天天看雪山吗？

有时候下了很久的雨，天空中的雾霾洗干净了，人们偶尔瞧见了雪山，还大惊小怪，认为是稀罕的海市蜃楼呢。

四川成都，透过繁华城市，远在百千米外的四姑娘山幺妹峰清晰可见，美不胜收。幺妹峰海拔6250米，仅次于被誉为“蜀山之王”的贡嘎山，人称“蜀山皇后”“东方圣山”。

爷爷说：“从前这儿真的有一条大河。三国时期，诸葛亮曾经在附近的万里桥，送外交官上船到东吴去访问。”

是呀，有一次自来水公司挖水池，挖出北宋时期一个很大的水磨。现在的河水很小，压根儿不能带动它。考古部门请爷爷去考察，对一层层砾石进行研究，很快就算出了当时的水流情况，推断当时的水流完全可以带动这个巨大的水磨。

杜甫没有说错，这是他亲眼看见的情景。只是因为后来河道变迁了，东吴来的客船和货船再也没法到成都和草堂的门口。

古诗窗

【杜甫草堂的诗】

春夜喜雨

好雨知时节，当春乃发生。
随风潜入夜，润物细无声。
野径云俱黑，江船火独明。
晓看红湿处，花重锦官城。

闻官军收河南河北

剑外忽传收蓟北，初闻涕泪满衣裳。
却看妻子愁何在，漫卷诗书喜欲狂。
白日放歌须纵酒，青春作伴好还乡。
即从巴峡穿巫峡，便下襄阳向洛阳。

登楼

花近高楼伤客心，万方多难此登临。
锦江春色来天地，玉垒浮云变古今。
北极朝廷终不改，西山寇盗莫相侵。
可怜后主还祠庙，日暮聊为梁父吟。

茅屋为秋风所破歌

八月秋高风怒号，卷我屋上三重茅。
茅飞渡江洒江郊，高者挂罥长林梢，
下者飘转沉塘坳。
南村群童欺我老无力，忍能对面为盗贼。
公然抱茅入竹去，唇焦口燥呼不得，
归来倚杖自叹息。
俄顷风定云墨色，秋天漠漠向昏黑。
布衾多年冷似铁，娇儿恶卧踏里裂。
床头屋漏无干处，雨脚如麻未断绝。
自经丧乱少睡眠，长夜沾湿何由彻。
安得广厦千万间，大庇天下寒士俱欢颜！
风雨不动安如山。呜呼！
何时眼前突兀见此屋，吾庐独破受冻死亦足。

大熊猫和诸葛亮

提起四川，我们会想起“天府之国”这个名字。四川的物产非常丰富，是世界上最早开发天然气和岩盐的地方，石棉、黄金、钒、钛、铁矿等矿产也很有名气。这里的森林和水力资源特别丰富，还是“国宝”大熊猫和川金丝猴的故乡呢！

看了杜甫草堂，再到哪儿去？

成都可看的地方太多了。

这儿是大熊猫的故乡，距离爷爷奶奶家不远的地方，就是成都大熊猫繁育研究基地。

去呀，去呀，去看大熊猫吧！

孩子们瞧着胖墩墩的大熊猫，三三两两聚在一起，爬树、翻筋斗，自由自在地一起玩耍，有滋有味地啃嫩竹子。特别是刚生下来的大熊猫宝宝，还没有张开眼睛呢，活像一只只小老鼠。孩子们高兴得跳了起来，连忙端起相机咔嚓咔嚓拍照片。管理员阿姨听说孝哥、杏儿是从国外回来的，特别允许他们和一只可爱的大熊猫，亲亲热热拍了一张合影。

孝哥、杏儿骄傲地说：“我们要把这些照片带到国外去。中国的‘熊猫大使’在国外不多，外国孩子只能眼巴巴看照片，运气特别好，才能在动物园瞧见一两只，哪有成都这样多呀！”

爷爷说：“在咱们中国，几十万年前到处都是大熊猫。后来因为环境变化，它们才走进大山，成为活化石，也很有科学研究意义呢！”

这儿有一个金沙博物馆，是从地下挖出来的一个两千多年前的遗址。这里陈列着许多珍贵的文物。其中一个亮光闪闪的太阳轮，散发出一道道金色光芒。四只鸟儿张开翅膀，昂着脖子，围绕着它飞翔。我们仿佛还能听见鸟儿欢快的叫声，感受到暖洋洋的太阳热气。这是成都市的市徽，也是中国文化遗产的标志。

大熊猫：中国特有的珍稀动物，主要栖息地在四川、陕西和甘肃的山区。它已在地球上生存至少800万年，被誉为“活化石”和“中国国宝”。

这儿是三国时期刘备和**诸葛亮**生活的地方。特别是人人崇拜的诸葛亮，人们从外地到了成都，当然也得好好去看一看。

诸葛亮的遗迹在哪儿？

杜甫说："丞相祠堂何处寻？锦官城外柏森森。"

他说的丞相就是诸葛亮。丞相祠堂，就是今天的武侯祠。

诸葛亮（181—234）

三国蜀汉政治家、军事家。字孔明，琅邪阳都（今山东沂南）人。东汉末隐居邓县隆中（今湖北襄阳市襄城区），留心世事，被称为"卧龙"。他一生"鞠躬尽瘁，死而后已"，是中国传统文化中忠臣与智者的代表人物。

三个孩子跟着爷爷，兴冲冲来到武侯祠，瞧见刘备和他的拜把子兄弟关羽、张飞，一字排开坐在前面的大殿上，显得威风凛凛的。诸葛亮却冷清清窝在后面一个殿堂里，气势小得多了。

在他的堂前挂着一副对联：

能攻心则反侧自消，从古知兵非好战；
不审势即宽严皆误，后来治蜀要深思。

孩子们不懂这些话是什么意思。

爷爷解释说："简单说，就是告诉人们，只要做好思想工作，自然就会消除矛盾，何必打仗流血呢？ 真正的军事家，并不是好战分子。治理国家要认真掌握情况，一切实事求是，太宽了、太严了，都不好。”

诸葛亮说得真好呀！ 不愧是一个了不起的政治家和军事家，后来的人们要好好学习才成。

诸葛亮为了国家统一，曾经好几次北伐中原。其中一次北伐的前夕，他给小皇帝阿斗写了一封《后出师表》，表示自己愿意为国家“鞠躬尽瘁、死而后已”，这样的精神值得敬佩。

孩子们看完了武侯祠，走出来回头一看，这才瞧见门额上写着“汉昭烈庙”四个大字，不是武侯祠。

咦，这是怎么一回事？ 为什么武侯祠门口挂这个牌子？

爷爷说：“不是武侯祠变成了汉昭烈庙，而是汉昭烈庙变成了武侯祠。”

原来刘备就是蜀汉的昭烈皇帝。这是祭祀他的庙宇，所以叫这个名字。

孝哥、杏儿还是不明白，为什么谁也不说这个怪拗口的名字，偏要叫武侯祠？ 就连门口的公共汽车站也叫武侯祠站，大街也是同样的名字，和刘备没有一丁点儿关系。

爷爷微微一笑说：“那是皇家的称号，老百姓才不管这一套呢。大家心里只有诸葛亮，只知道这是‘丞相祠堂’。这样一代代传下来，就叫成武侯祠了。”

阿斗和花蕊夫人的故事

从武侯祠走出来，孝哥好奇地问爷爷："从前到底有几个蜀国呀？"

爷爷说："两三千年前，四川东边一半叫作巴，有一个巴国；西边一半叫作蜀，有一个蜀国。刘备和诸葛亮所处的三国时代，这儿是蜀汉。到了五代时期，还有一个前蜀和后蜀。它们虽然都带一个蜀字，却不是一回事。"

虎娃问："这些蜀国是怎么亡国的，也有故事吗？"

爷爷还没有开口，孝哥就说了："哈哈！谁不知道刘备那个宝贝儿子阿斗是窝囊废？诸葛亮的儿子、孙子为了保卫他，都战死了。大将姜维在前面死死顶住敌人，他却在后面投降了，简直不像话。"

孝哥生气地说："还有呢！他被带到敌人那边，听见蜀国的音乐，从前手下的臣子都很难受。别人问他这儿好还是老家好，他却说这儿好玩，不想回去了，留下了乐不思蜀的笑话，实在太没有志气了。"

杏儿看过《三国演义》，也气呼呼地说："从前赵子龙大战长

坂坡，在成千上万的敌人中间杀出杀进，就是为了救他，差一点丢掉了自己的性命。早知道他长大了是这么一个软骨头，还不如别救他呢。”

后蜀灭亡的时候，同样有亡国遭遇的妃子花蕊夫人却完全不一样，写了一首非常悲伤的诗：

君王城上树降旗，妾在深宫哪得知？
十四万人齐解甲，更无一个是男儿。

唉，国君自己打开城门投降了。国家白白养了十四万大军，没有一个人敢站出来抵抗一下，叫后宫里的妃子有什么办法呢？

蜀汉和后蜀同样是亡国，作为男人和国王的阿斗，和花蕊夫人相比，实在差远了。

成都市花——芙蓉花。五代后蜀皇帝孟昶因讨妃子“花蕊夫人”的欢心，在成都城头尽种芙蓉。成都自此就有了“芙蓉城”的美称。

书架上的青铜龙

爷爷老了，八十多岁了。

八十多岁的爷爷，虽然还想带孩子们出去走走看看，可实在走不动啦。小兄妹仨想出去玩，走得更远些，谁带他们呀？

天黑了，窗外的雨水滴滴答答下个不停。不能出去走一走，真闷气啊！

天越来越黑了，时间越来越晚了。窗外的夜雨还在悄悄飘飞着，杏儿、虎娃早睡了，爷爷奶奶也睡了。

孝哥困得不行，耷拉下眼皮慢慢睡着了，心里可还惦记着怎么才能出去玩一玩，到处走一走。

他不知是睡还是醒，迷迷糊糊的，耳畔忽然响起一个奇怪的声音……

“喂，快起来，跟我一起出去玩吧。”

咦，这是怎么一回事？静静的夜里，周围没有一个人，谁在和他说话？

孝哥稀里糊涂的，一下子好像真的醒了，连忙揉一下眼睛，朝声音传来的地方看。

不看不知道，一看吓一跳。想不到竟是爷爷书架上的一条青铜做的龙，正在摇头摆尾地跟他说话呢。

那条青铜龙轻轻招呼他："嗨，孝哥，快把杏儿、虎娃叫起来。我带你们出去玩吧。"

孝哥完全醒了，再也不想睡觉，好奇地问它："嘻嘻，你这样小，还没有巴掌大，能带我们出去玩吗？"

青铜龙说："我是龙，能大也能小，有什么不能办到的？"

说着，它轻轻一摇晃身子，真的一眨眼就变成一条巨龙。屋子里装不下，它就盘在地板上，几乎撑破了房子，身上的青铜鳞片闪烁着奇异的金属亮光，像一条真正的活龙。

孝哥好奇地问："你真的可以带我们出去玩吗？"

那龙似乎有些不高兴，闷声闷气地说："谁还骗你不成！只有骗人的小狗，你听说有骗人的龙吗？"

孝哥相信了。

青铜龙催他："还傻乎乎地待在这儿干什么，快叫你的弟弟妹妹一起走呀！"

孝哥还来不及说话，它就不知使了什么魔法，朝杏儿、虎娃鼻孔里吹了一口气。

两个孩子拭了一下眼睛，一骨碌就从床上蹦起来，叽叽喳喳问："天黑着呢，外面在下雨。你真的能够带我们出去玩吗？"

青铜龙说："这有什么不成的！黑夜可以变成白天，下雨可以变成大晴天。你们可以不相信大嘴巴青蛙，可不能不相信龙。"

这话说得对呀！龙的本领最大，狮子、老虎也比不上。我们是龙的传人，不信龙的话，还能信谁的？

孩子们问它："喂，你带我们到哪儿去？"

青铜龙挺神秘地眨了一下眼睛，说："别老窝在城圈子里，外面的天地可大啦。咱们就由近及远，到处去看看吧。"

好呀！孩子们一丁点儿也不困了，高高兴兴爬上了它的背脊。青铜龙不知道用了什么魔法，穿过了黑沉沉的雨夜，呼的一下就飞出了窗口……

都江堰和“天府之国”

青铜龙把孩子们带到哪儿去？

它说：“看了成都城里，还得看城外，去看看都江堰和青城山吧。”

都江堰在成都西边，岷江出山的地方。这是两千多年前，秦国的李冰在这儿修建的伟大水利工程。

孩子们想，那一定是一座雄伟的建筑。想不到大家兴冲冲来到这儿一看，却什么东西也没看到。

唉，想摆一个姿势，拍一张照片也不成，实在太令人失望了。

咦，这是怎么一回事？

青铜龙笑着说：“都江堰的妙，就妙在什么也没有呀！”

孩子们更加不明白了：什么都没有，怎么还很妙？

青铜龙说：“聪明的李冰用了几个简单的办法，就办到了别人不能办到的事情，何必再修造一些没有用的东西来显摆呢？”

李冰做了些什么？

他用一些装满石块的竹筐，在进水口修筑了特殊的“鱼嘴”，形成了重要的分水工程。

他又选择一个天然低洼的地方，取名为“飞沙堰”，可以自动把多余的洪水和泥沙排出去，保证灌溉渠道不被堵塞。

在这个水利工程的末尾，清清的水流，从进水的“宝瓶口”流进灌溉渠，就能浇灌号称“天府之国”的肥沃成都平原，灌溉青青的田地了。

为了彻底解决泥沙问题，李冰还留下了两句治水的格言——“深淘滩，低作堰”“遇弯截角，逢正抽心”，这都是解决泥沙问题的重要方法。

瞧吧，这就是都江堰水利工程的全部内容。

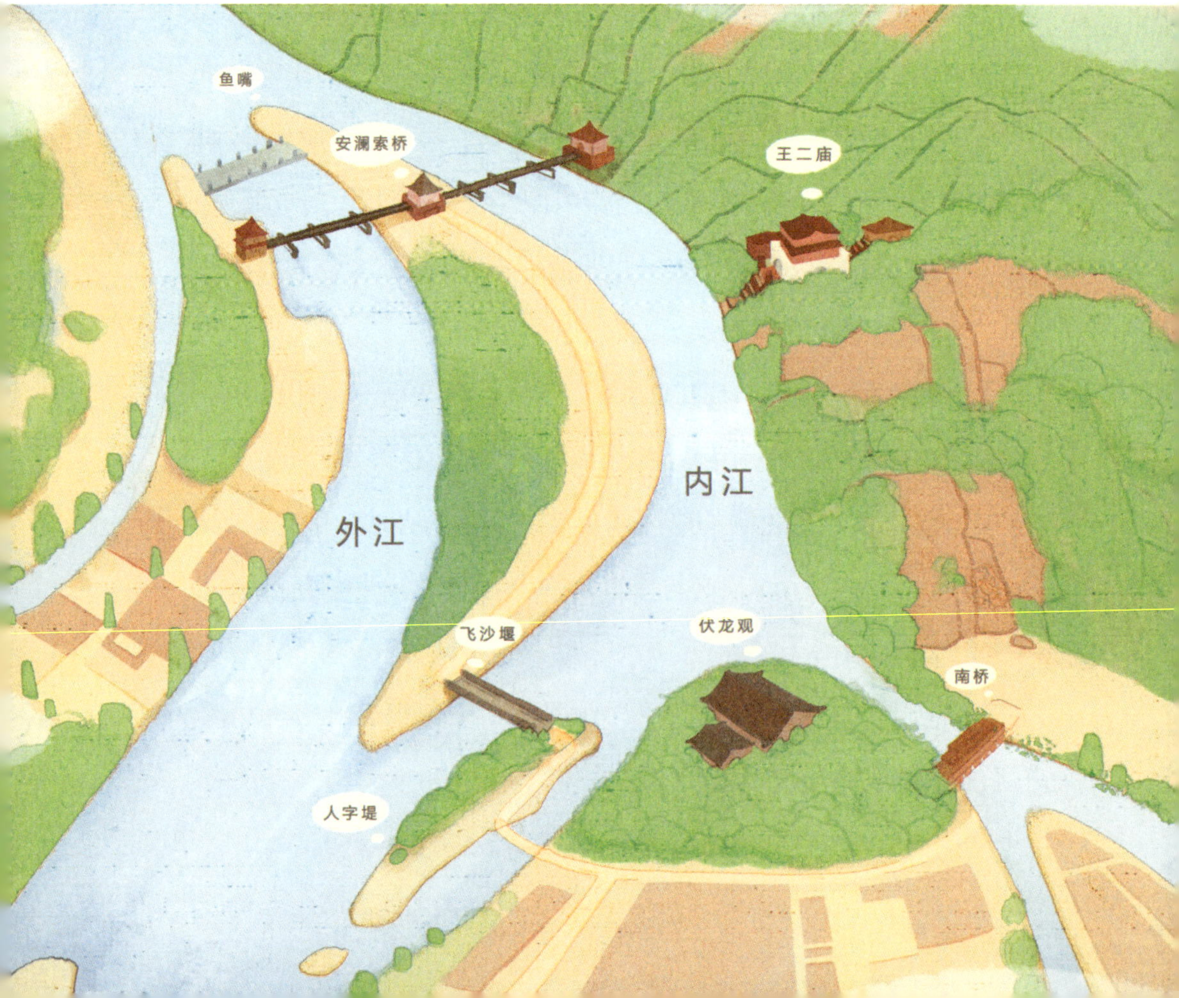

仔细想一想，这个伟大的工程设计多么巧妙呀！

它的思路非常先进，妙就妙在利用自然，不必耗费太多的人力物力，包含了深奥无比的哲学观念。

呵呵，这岂不应了一句“大道无形”的古话？简直就是“四两拨千斤”，压根儿用不着劳民伤财，修建华而不实的宏伟建筑。

孩子们明白了，拿起相机咔嚓一下，在这儿拍一张“什么都没有”的照片，才能表现出了它的高妙呢！

两千多年前的都江堰水呀，现在仍哗啦哗啦流，浇灌着成都平原上的广阔农田。

想一想，世界上许多文明古国的水利工程都荒废了，甚至没留半点影子，只有咱们中国的都江堰还在造福人间，真了不起呀！

青城山在都江堰旁边，是道教发源的地方之一。山上有许多树木，非常幽静，号称“青城天下幽”，风景当然很好啰。

道教是产生在中国本土的宗教，结合了战国时期老子和庄子的哲学，主张清静无为，爱护自然。都江堰水利工程就是这样顺应自然、利用自然的原理，完全符合这个精神。

人们说“问道青城山，拜水都江堰”，说得再好也没有了。

青铜龙刚刚说到这儿，远处忽然传来爷爷的声音。

爷爷说：“科学研究也有哲学观念，都江堰水利工程就证明了这一点。”

噢，爷爷坐在家里，没有忘记这三个小孙子。没准儿青铜龙就是他派出来的吧，谁知道呢？

从成都到都江堰和青城山，横穿过整个成都平原。

这时候，正值春姑娘刚刚到来，油菜花开放。一片片金黄色的花海几乎望不见边，映衬着绿油油的水田，加上粉红的桃花、雪白的李花，引来一群群小蝴蝶和嗡嗡叫的蜜蜂，活像一幅美丽的春天水彩画，真好看极了。

三个孩子被迷住了，想不到天底下还有这样美好的地方，简直就是人间的天堂。

青铜龙说："这就是有名的'天府之国'呀！"

"天府之国"是怎么一回事？

这个人间天堂是怎么生成的？

青铜龙说："这和地理环境分不开，和都江堰分不开，也和世世代代人们爱护环境分不开。"

这儿是什么地理环境？

青铜龙说："这是一个大盆子里的小盆子，有好气候、好土壤和好水呀。"

成都在成都平原这个小盆子里，成都平原在四川盆地这个大盆子里。大盆子套着小盆子，就是这儿的地理环境。

这里气候温和，土壤肥沃，地表水、地下水都很丰富，加上两三千年精耕细作，改造了土壤结构，形成了最肥沃的水稻土。有了天时、地利、人和，这才好不容易形成了"天府之国"，造就天下第一的富饶粮仓。

孩子们明白了，“天府之国”是老天爷赏赐的，也是勤勤恳恳的老祖宗辛辛苦苦留下来的，可不能随便破坏了。

噢噢噢，孩子们瞧见远远近近一处处楼盘的黑影，觉得有些奇怪：怎么城市伸展到田野里，成都快要和周围的许多县城连接成一片了？

杏儿说：“城里人多了，当然要发展。一天天变大，有什么不好吗？”

青铜龙摇了摇脑袋说：“城市发展也要有一个规矩。老祖宗教导我们，应该因地制宜，顺应自然环境条件。人工和自然完全融合在一起，做到天人合一才好。”

孩子们住的这座城市发展就不是这回事，非要安排一条中轴线，坐北朝南一直向前伸展，还不断向西扩展。

成都的南边是什么？

那是土地肥美、水流丰富的双流县（现为成都市双流区）。

成都的西边是什么？

那就是号称“金温江”“银郫县”的“天府之国”的腹心地带。

这都是老祖宗留下的珍贵遗产，粮食产量最高的地方。如果随随便便破坏了，就永远不会恢复了。

孩子们不明白，又问：“城市要扩大，怎么能不向外发展？”

青铜龙说：“老祖宗教导我们，必须因地制宜。成都最好往东、往北发展。特别是东边，一大片起伏平缓的台地，把开发区修建在这里有什么不好？为什么偏要和南边、西边的高产田争土地？”

是啊！我们的人口不断增加，耕地不断减少。十几亿人张着嘴巴要吃饭，粮食问题总不能只依靠袁隆平这样的水稻专家来解决呀！

是呀！是呀！爱护耕地，人人有责。保护环境，是老祖宗留下的期望。历史在发展，人口在增长。老祖宗和后代子孙都眼巴巴望着我们，千万不要在我们这一代，破坏了美好的环境。

青铜龙叹了一口气，又叹一口气。

它指着远处一缕黑烟说：“瞧，这和自然环境多么不协调，修建工厂一定要注意防止污染。这儿山里的风向东吹，水往东流。如果不注意这一点，把有污染的大工厂修建在平原中心，或者上风上水的西北边，必定会造成许多问题。”

是啊！是啊！“天府之国”很美丽。怎么爱护它，可不简单呀！三个孩子在回家的路上想了又想，几乎把小小的脑袋都想破了。

唉，为什么非要占用良田修建城市？

唉，为什么不好好想一想粮食问题？

生成“天府之国”很不容易，要有天时、地利、人和。天照顾、地照顾，如果人们自己不照顾，那可怎么成！

唉，唉，唉！孩子们和青铜龙一样，都爱故乡成都，爱“天府之国”，可是瞧着一天天缩小面积的良田，也忍不住摇着脑袋叹了一口气。

古老的临邛郡

离开了都江堰，青铜龙带着孩子们往南飞，一眨眼，就来到一座古色古香的城市。

孝哥问："这是什么地方？"

青铜龙说："这是古代的临邛郡，今天的四川省邛崃市。"

有一次，爷爷陪两个德国教授来到这里。他们瞧着市容陈旧，有些不耐烦。爷爷轻声提醒他们："这儿有两千多年的历史。这就是当时的样子。"

哼哼哼，别瞧这儿有些破旧，这就是古老历史的见证呀！

哇，两千多年，那是什么概念？对欧洲人来说，这岂不是和古希腊、古罗马一样古老？别的国家比也没法比，多么了不起！

爷爷轻轻一句话，就让两个德国教授惊得下巴快要掉下来了。

他们一下子就来劲了，连忙端起相机对着古旧的建筑和生活场景，比如弹棉花的、吹糖人的、编竹篮的，咔嚓咔嚓猛拍一通，一直折腾到傍晚还不想离开。反倒是爷爷催促，他们才依依不舍地上了汽车。

平乐古镇：位于邛崃市西南，是中国历史文化名镇。这里早在西汉时期就已形成集镇，迄今已有两千多年的历史，素有“一平二固三夹关”的美誉。

咱们古老的中国，岂止这座小城？青铜龙提醒三个小孩子，睁开眼睛仔细寻找。在许许多多大城、小城，不起眼的小村、小寨、小山沟里，几乎到处都有几百上千年的古迹，多么值得骄傲啊！

在这座小小的古城里，还有一个中国版的《罗密欧和朱丽叶》——西汉初期大文学家司马相如和卓文君的爱情故事。在他们第一次见面的后花园，留下了一个文君井公园。

青铜龙问孩子们：“知道‘丝绸之路’吗？”

杏儿说：“知道呀！今天的‘一带一路’，就是沿着古时候‘丝绸之路’的路线，进一步发展而来的。”

青铜龙又问：“你们知道古代‘丝绸之路’有几条路线吗？”

孝哥说：“知道呀！有‘北方丝路’‘南方丝路’‘海上丝路’三条路线。”

青铜龙再问：“这三条路，哪一条最早？”

虎娃说：“当然是《西游记》里，唐僧带着孙悟空、猪八戒、沙和尚取经的那条路线最早啰。”

青铜龙摇摇头说：“不，最早的是‘南方丝路’。”

汉武帝的时候，张骞沿着“北方丝路”走到今天阿富汗的地方，瞧见从中国来的**邛竹**和蜀布，惊奇地打听：“这是从哪儿来的？”

当地人告诉他：“这是从蜀国经过印度，沿着南方一条商路来的。”

啊！张骞这才明白，原来还有一条神秘的“南方丝路”，比后来开辟的“北方丝路”更加古老。

成都就是古蜀国的都城。临邛郡紧紧挨着“南方丝路”的起点，多么神秘呀！

邛竹

又叫筇竹，是我国西南地区的特有品种，属于国家三级保护植物，是稀有竹种。竹面光滑，竹节高高隆起，好像圆环形的脊，有较高的观赏价值。古时候，人们常常用它制作手杖。筇竹主要分布在四川盆地西南部的边缘山区，雅安地区的大相岭一带。汉代的临邛郡（今天成都邛崃市）命名和它有关系。昆明著名的筇竹寺，也是用它命名的。

全世界最早开发天然气的地方

孩子们站在古代临邛郡的街头，舍不得离开。

杏儿问："这儿还有什么好看的？"

青铜龙说："这儿是世界上最早使用天然气的地方呀！"

古时候，人们发现这里有一种特殊的"火井"，晚上常常冒出熊熊火光。人们要用井里的火，只要丢下火种，井里立刻就能发出打雷一样轰隆隆的声音，引燃一股大火，火光好几十里外都瞧得见。

早在秦始皇、汉武帝的时候，这儿就用天然气来炼铁熬盐了。西晋时期干脆就在这里设置一个火井县。直到今天，这里还有一个火井镇，可以作为历史的证明。由此可见，当时的天然气生产多么兴旺。

临邛火井的故事还没有完。

据说，古时候人们把天然气装进竹筒里，点燃了就能照亮身边的地方。晚上拿着它走夜路，它是最好的照明工具。

啊，这岂不和"手电筒"一模一样吗？让我们给这个"手电筒"的鼻祖取一个名字，干脆就叫"手气筒"吧。如果今天照样做一个，一定非常好玩。

信不信由你，这儿的天然气生产还和诸葛亮有关系。

根据历史记载，那时候的天然气渐渐微弱了。诸葛亮去视察，指导天然气生产以后，火势又旺盛起来。想不到这位神机妙算的军师，还是一位了不起的天然气专家呢！

这件事有历史记载，和传说他曾经借东风，

《天工开物》中的四川井盐生产图。临邛火井是世界第一口天然气井，是西汉时期在盐井的开凿过程中无意间发现的。它不仅是世界上最早开凿的天然气井之一，而且被人类第一次用来煮盐。

演出一场“火烧赤壁”同样奇妙。

可惜呀，实在太可惜！想不到诸葛亮去世后，这儿的天然气生产没有人再管了，就一天天走下坡路了。到了南宋时期，有一股天然气冒出来，伤害了山坡上一块玉米田。人们居然以为是“妖气”，专门修建了一座宝塔镇压它，不让天然气冒出来。

这件事说明一个什么问题？

封建迷信一旦泛滥起来，就会淹没科学思想。迷信扼杀科学，会使历史倒退。宝塔镇压“妖气”的这件事，真值得好好想一想。

唉，如果诸葛亮还在，该多好呀！

古老的岩盐

四川是全世界最早开采岩盐的地方。早在古代巴蜀时期，从西边大山里来的蜀族，就发现了神奇的“咸泉”和“咸石”，开始采盐来吃，治好了从前部落里流行的大脖子病。

汶川大地震的回声

青铜龙一转弯进了山，前面是汶川。

啊，汶川！

2008 年 5 月 12 日 14 时 28 分 4 秒，人们永远不会忘记这个时刻，就是那一场 8.0 级特大地震发生的时间。地震震中就在汶川县境内的映秀镇附近，进而震动了整个龙门山脉。许多城镇被毁灭，有 69227 人遇难，374643 人不同程度受伤，17923 人失踪，造成了重大损失。

龙门山脉很长很长，从南到北有上百千米。青铜龙说："不能带你们走遍所有的地方，只去看看映秀吧。"

从都江堰一步就进了大山，两边全是陡峭的山坡，中间奔腾着湍急的岷江。抬头看，几乎所有的山坡似乎都被什么看不见的力量狠狠刮削了一下，一片黄、一片绿，一片片光秃秃的，到处都是伤痕。山脚下、江心里，到处堆满了大大小小的石块，都是发生地震的时候滚落下来的。那一场地震已经过去多年，"伤势"还没有完全养好。

快到映秀的时候，路边一块巨大的岩石上刻着"5·12 震中，映秀”几个大字，提醒来往的人们，这儿就是那场可怕的地震的震中。

走进这座受伤的小镇，一眼就瞧见一片地震废墟。

青铜龙告诉孩子们，这儿是原来的映秀中学。教学大楼已经完全垮塌，周围布满歪歪倒倒的房屋。地震的时候，学生正好在上课。教室里的学生，几乎都被埋在沉重的水泥板和砖瓦堆里。许多天真可爱的孩子，一下子失去了生命。

三个孩子听着它的讲述，看着面前的景象，忍不住流下了泪水。虎娃最伤心，呜呜哭了起来。

青铜龙带他们来，就是为了看一下这个地震废墟吗？

不，青铜龙还细细讲述了当时的情形。

那时候，爷爷正在北京，不顾大家好心劝说，执意要回四川。

可大家都阻止爷爷："你已经77岁，早就退休了，别管这件事啦。"

爷爷说："不，我是新中国培养的第一代地质工作者，养兵千日，用在一朝，怎么能在这个时候退缩？难道为国服务，还有退休的说法吗？"

是呀！退休是国家的制度，退休了就回家休息。可是在这危急时刻，还分什么退休不退休！爷爷不管这一套，立刻从北京赶回来，进入震区第一线。

地震一发生，虎娃的爸爸和大伯把受伤的奶奶送回家，立刻和许许多多成都市民一起，毫不犹豫开车赶往震区去服务。一路上数不清的私家车、出租车和其他各种各样的车辆，载着救灾物资冲向震区。大家不顾血渍染红了车厢，把受伤的灾民送去医院。

这时候，全国各地的抗震救灾队伍和志愿者，从四面八方赶来。

爷爷戴着红帽子、穿着红衣服，为了减少危险，不带一个助手，几乎走遍了龙门山震区。

他要去救人，那肯定不成，没准儿还会给别人添乱。那就做一个特殊的志愿者，冲进发震的断裂带，爬上一处处山坡，钻进

一个个废墟，仔细观察破坏的情况，判断会不会产生新的山崩、滑坡、泥石流，等待新的一次次强烈余震，研究地震发生的过程。他用这样的办法，总结这场大地震，为未来重建积累宝贵的第一手资料。他忙着在震区进进出出，通过电视讲座，耐心讲解地震知识，安定人心和维护社会秩序。

从实地考察中，爷爷得出了几点结论：成都绝对安全，大家不必担心；地震波沿着纵向的龙门山断裂带迅速传播，必须严密注意有横向断层的交叉点，应该重点防备四川、陕西、甘肃三省交界区域龙门山、秦岭两大断裂带的交会处；龙门山北段地下能量释放了，要注意南段发生新的强烈地震的可能性；震后一些山体疏松了，特别在未来的雨季，应该进一步预防山崩、滑坡、泥石流等次生灾害发生。

爷爷告诉孩子们，地震一发生，整个国家就行动起来了。国家领导人不顾危险，立刻赶到现场指挥。在到处山石横飞、灰沙滚滚、大地还在颤抖的时候，只见遍地都是橄榄绿的战士、橙色的消防队、雪白的医务人员、红色和其他颜色的志愿者，他们一个个舍生忘死，冲在第一线。

谁说我们的80后、90后青年没有理想？看看那些英勇的战士、志愿者，特别是那些柔弱的护士小姑娘，真的非常勇敢。一旦国家需要，他们就会立刻挺身而出。

这就是中国！这就是我们伟大的新中国！

爷爷要告诉孩子们另外一件事。

5·12汶川地震震中遗址。汶川地震从这里开始撕裂大地，往昔秀美繁华的映秀几乎被夷为平地。

人们说，大灾之后必有大瘟疫。可是这次大地震后，什么事情也没有发生。这是怎么一回事？ 就是防疫工作做得好。不管是谁，只要碰破了皮，立刻就要接受处理。进进出出的车轮和鞋底，也必须消毒。如果流血不处理，伤口受了感染，就可能传播病菌，引起可怕的瘟疫了。这样大的地震居然没有发生瘟疫，真是一个奇迹。

这就是中国！这就是我们伟大的新中国！

青铜龙指着地震废墟旁边一幢幢崭新的建筑，告诉孩子们："瞧吧，这都是地震以后新建的，修建得多快、多好呀！"

为什么修建得这样快？因为这场地震发生后，全国紧急行动起来。在国家的统一安排下，十几个省、区和直辖市，对口支援灾区各县市。上海和都江堰对口，山东和北川对口，福建和彭州对口，辽宁和安县对口……汶川县就由广东负责支援。震后不久，震区就打出了"感谢北京人民""感谢上海人民""感谢广东人民""感谢山东人民"……的红色横幅，同时也出现了"青岛人民与北川同在"等标语，处处使人感受到全国人民一条心的亲切气氛。

这就是中国！这就是值得骄傲的新中国！

大灾并不可怕，咱们中国真了不起！

青铜龙告诉孩子们："这是爷爷叫我带你们来的。那时候，他进入震区服务不是付出，而是接受教育，更加增强了信心，认识到祖国和人民多么伟大。这是最大最大的收获。"

孩子们明白了，爷爷叫青铜龙带他们来感受的，原来就是这些深刻的体会。孩子们长大以后，如果国家和人民有需要，一定也会挺身而出，不会做胆小鬼。

这才是好样的中国孩子，这才是未来的社会栋梁。

勇敢的地质队员

青铜龙带着孩子们离开了汶川，走进很深很深的大山里，爬上了一道山坡，忽然远远传来一阵雄壮的歌声。

是那山谷的风，吹动了我们的红旗。
是那狂暴的雨，洗刷了我们的帐篷。
我们有火焰般的热情，战胜了一切疲劳和寒冷。
背起了我们的行装，攀上了层层的山峰。
我们满怀无限的希望，为祖国寻找着丰富的矿藏。
是那天上的星，为我们点上了明灯。
是那林中的鸟，为我们报告了黎明……

歌声越来越近。在对面的山坡上云雾散开的地方，渐渐出现了一支队伍。

远远看，这支队伍非常奇怪，不是顺着现成的大路、小路走，而是沿着一道光秃秃的山脊，朝着险峻的山峰攀登。他们高高举起红旗，背着沉重的背包，一步步往前走，方向非常坚定。

尽管隔着一道山沟，不是在面前，画面却看得很清晰。

啊，这是一个地质队。

啊，他们高声唱的是《勘探队员之歌》。

风吹着他们高举的红旗，呼啦啦响着，显得非常有精神。

一束阳光从天上的云缝里投射下来，正好照在他们的身上。

这才看清楚了，在他们的粗布工作服上，横七竖八贴着一条条胶布，粘住被荆棘和尖利山石划破的一道道口子。看他们长长的头发和胡子，必定很久没有认真整理了。一双双登山靴踩在崎岖不平的山石上，大步流星地往前走，仿佛没有什么障碍不能跨过。

啊，这就是找矿的地质队员呀！

啊，这就是光荣的建设时期的游击队。

爷爷也是老地质队员，他选择了这个最危险、最艰苦的专业工作，报效自己的国家和人民。

是呀！在国家需要的时候，这样的工作，我们不干，谁去干？

红旗招展，歌声高亢。

山那边的歌声越来越远。渐渐走近的队伍，又渐渐远了。

向你们敬礼，建设时期的游击队。

向你们敬礼，勇敢的地质队员。

杏儿问青铜龙："他们都是冒险家吗？"

青铜龙说："不，野外地质工作安全第一，不允许冒险。可是由于工作的性质，他们却时时刻刻处在危险中。这和出风头的冒险家是两码事。"

孝哥问："地质工作者和探险队有什么差别？"

青铜龙说："一些探险队往往到达一个目的地，或者穿过一条路线就完了。地质工作的对象是更加广阔的面，不是点和线。"

这是什么意思？

青铜龙解释说："用最常见的地质图来说吧。除了作出一张地质图，还有一张实际材料图。"

这是一张什么图？

根据不同的要求，在一张大图上划分出许多网格，定出许多地点。不管地形多么恶劣，山有多高、多陡峭，都必须到达所有的规定地点。测量定点后，敲一块岩石标本带回去，再用红油漆一个个编号留下标记，一点儿也不能马虎。

瞧吧，地质工作，不仅仅是体育活动式的穿越，还得认真考察研究。

他们付出，他们牺牲，以身许国，默默无闻。脚踏实地的地质队员，比鲜花和荧光灯下万众欢呼的探险家更加值得尊敬。

牦牛山的一个故事

青铜龙带领孩子们，来到一座高山面前。

这是凉山彝族自治州冕宁县的牦牛山。陡峭的山冈上，盖满密密的黑森林。

青铜龙给孩子们讲了一个故事。

那是1958年。爷爷所在的成都地质学院（现为成都理工大学）找矿系，两个快要毕业的学生和一个工人，上山去找铁矿，原本计划翻过这座山，在另一边下山。他们走到那里一看，横着一道高高的悬崖绝壁，压根儿不能下去，只好再找下山的路。想不到他们在密不透风的黑森林中迷了路，转悠了几天也走不出去。粮食吃完了，他们饿得迈不开步子。

一个学生实在走不动了，请队友们先走一步。不久，另一个学生也倒下了。只有那个工人爬了出去，遇见一个彝族老乡。大家连忙赶上山，发现两个学生都饿死了。其中一个背靠着大树，解下鞋带，把饭盒高高挂在头顶的树枝上。

打开饭盒一看，里面整整齐齐装着野外记录本和地质图。

他要表达的意思很清楚。野兽可以撕裂我的身体，但是宝贵的地质资料必须完好交回去。

在另一个学生遗体身边，发现了一小把米。他们是活活饿死的，有钢精饭盒，有一点米，也能找到水，森林里有的是柴火，为什么不煮饭吃？ 人们怎么也想不通。

虎娃说:“他们是不是不会煮饭？”

杏儿猜:“是不是这一点米，不够塞牙缝？”

孝哥想一想，忽然有些明白了，一下子说出来:“他们已经没有力气煮饭了。”

杏儿、虎娃都不懂，这是为什么。

这就是当年的学生，一心一意为了国家，直到生命的最后一刻。

孝哥说:“这里是大森林，不能随便点火煮饭。如果一下子烧起来，怎么办？”

杏儿说:“把火打灭呀！”

虎娃说:“用水浇呀！”

孝哥猜:“这个时候他们已经没有一丁点儿力气了。万一火烧起来，他们不能扑灭大火了。”

大米与森林，生命与责任，没准儿就是他们在临死前，掂量的最后一个需要认真选择的问题吧？

孩子们忍不住呜呜哭了。青铜龙的眼睛里，也不禁闪着泪光。

爷爷的几个野外小故事

孩子们问青铜龙："爷爷也是地质队员，也有故事吗？"

青铜龙说："有呀，讲几个他的野外考察故事吧。"

有一年，爷爷带队在山里工作，路上必须过两座索桥，工作结束后，再顺着原路回来。这看起来很简单，却遇着一个想不到的困难。原来那时正是凶猛的洪水期，为了保障安全，当地人干脆抽掉了桥板，暂时两岸封渡。只剩下两根光秃秃的铁索，怎么才能走过去？

爷爷仔细一看，也有办法啊。这个铁索桥原本就不小，每一根铁链都由好几股铁索紧紧扭在一起，横着脚踏在上面，可以放下半个脚掌，加上旁边还有手扶的栏杆，就更加不成问题了。

爷爷想了想，的确很困难，但是把这个天大的困难化解为一个个简单的小环节，那就容易得多了。

手抓住铁索栏杆，往前走一步，可以吗？

呵呵，那当然可以做到！

走了一步，再走第二步、第三步……可以吗？

哦，有了第一步的经验，往后就好办了。

爷爷是带队的，不能叫别人冒险。他打定了主意，先踩着铁索试了一下，就和一个队友各自背着地质大背包，满怀信心地走上空荡荡的铁索桥。

哎呀呀，这一走，很快就出了问题。

起初在桥头尝试，铁索拉得紧绷绷的，一点儿问题也没有。想不到慢慢走到中间，铁索没有支撑点，就摇晃得几乎站不住脚，身子也被晃荡的铁索带得歪斜了。加上两个人的步伐不一致，互相有影响，前进非常困难，还不如一个人

慢慢走呢。

这个故事讲完了，有什么经验可以总结？

青铜龙说，天大的困难也不要被吓倒，总有克服的办法。把困难分解成一个个简单的环节，它就没有什么了不起的啦。

还有一个教训。开始做计划，必须想到一切可能性。困难是老虎，不怕它，也不能藐视它。如果大大咧咧，计划不周全，很可能会遇着许多想象不到的后果呢。

青铜龙问三个孩子懂了没有。

孝哥、杏儿都明白了。

虎娃说："我变成一只鸟儿，张开翅膀一下子就飞过去了。"

哈哈！ 哈哈！

孩子们想继续听爷爷的野外地质工作故事，青铜龙又接着讲了几个。

有一年冬天，爷爷在四川西南部的**大相岭**中工作。天晚了，爷爷和一个伙伴找到一户人家，实在没有地方住，就爬到猪圈上面一个堆草的架子上，钻进乱蓬蓬的稻草里凑合睡一宿。周围没有墙，四面都通风。一阵阵凛冽的寒风，一阵阵雪花飘飘，下面的猪圈里散发出一股股

大相岭

又称"相公岭"。在四川省中南部，荥经、汉源两县边境。近东西走向。由花岗岩、石灰岩、砂岩组成。传为纪念诸葛亮而命名。海拔3000米左右。为大渡河与青衣江分水岭。山南少雨干燥，植被稀疏；山北湿润多雨，林高草密，是四川多雨地区。

难闻的秽气，说不出是什么滋味。

一天工作太累了。两个人缩着脑袋，钻进稻草被窝，迷迷糊糊就睡觉，伴着整个夜晚哼哼唧唧的猪叫，仿佛柔和的催眠曲，很快就进入了梦乡。

这一夜，爷爷一辈子也忘不了。

另一个秋天，爷爷带领工程兵部队的一个连队，骑马攀上凉山彝族自治州的一座海拔 4000 米的高山。山坡实在太陡了，一个战士横背着冲锋枪，紧紧牵住爷爷的马，一步步往上爬。不知道怎么一回事，马忽然惊了，竖起身子，尥（liào）起了蹄子。前面的战士拉不住，爷爷骨碌滚下陡峭的山坡……

再一次，爷爷在大巴山中的一个峡谷里，划着一条橡皮艇，顺着一条激流往前行。漂过一个险滩的时候，一个同伴失去平衡，橡皮艇一下子翻了。大家都落了水，顺流漂了很远，才抱住一块礁石爬上来，好险呀！

喔，还有高原上雪地翻车，独自闯进号称迷魂凼的黑森林，冷不防和猛兽劈面相逢……许许多多故事，一下子讲得完吗？

这就是野外地质生活，一个个难忘的片段。爷爷还有很多更加惊险的经历，只不过不在家乡四川境内，比如在北冰洋边天天和北极熊打交道，探寻“一套一”“一套二”的熊窝。有机会再慢慢讲吧。

青铜龙说：“当时惊一下、吓一下，一辈子也忘不了。如果生活里没有一丁点儿风险，平平淡淡过日子，就没有什么故事了。”

青铜王国的种种奇闻

青铜龙带着三个孩子，一转眼又来到一个陌生的地方。

孩子们抬头一看，瞧不见熟悉的世界。这儿没有汽车、电灯、自来水和许许多多常见的东西，甚至连一条像样的路、一座像样的房子也没有，更甭提轮船、飞机，以及手机、电脑、电视什么的了，简直就是一派原始天地。

哇，孩子们像科幻故事里的人物一样，一下子就穿越时间隧道，来到了另一个世界。

不，这儿也不是什么都没有，这儿的人更不是披着兽皮和树叶的真正原始人，他们也穿着像模像样的衣服，有许多玉石、青铜和陶土做的生活用具和劳动工具。

青铜龙没有骗人，这儿真的是一个远古社会。

青铜龙告诉他们："这就是3000年前的三星堆古蜀国呀！比你们看过的金沙遗址还古老呢。"

孩子们仔细看眼前的玉器和青铜器，尽管类型很单调，却做得非常精美。当时必定有许多优秀的工匠，水平可高呢。

瞧，一件件青铜器具打磨得那么锃亮，一块块绿莹莹的玉石器皿散发出冷冷的光芒。如果把它们放在博物馆里，每一件都是价值连城的珍品。

孩子们特别喜欢一个个叮叮咚咚响的铜铃。有的像小鸟、有的像花朵，造型非常奇特。一阵风吹来，它们在空中轻轻摇晃，发出悦耳的声响，充满了奇妙的幻想。

这可不是普普通通的装饰品，是主人呼唤奴仆的“土电铃”。只要主人轻轻一摇，几个奴隶就会钻出来，低头问主人有什么吩咐。

噢，原来这个灿烂辉煌的青铜时代，还停留在奴隶社会里。

爷爷从前说过，遥远的夏朝和商朝都是奴隶社会，国王就是大奴隶主。眼前这个南方的古蜀国，正好相当于商朝。想不到往昔发黄的历史，一下子就变成可以触摸的东西了。

孩子们好奇地瞧着这些三星堆人，发现所有的男子汉都有一根辫子，有的拖在背后，有的盘在头顶，和清宫电视剧里的人物一模一样。

杏儿忍不住问青铜龙：“这是清朝吗？”

青铜龙说：“我已经说过了，这是3000年前呀！”

咦，这是怎么一回事？怎么3000年前也

商青铜立人像

人像高1.8米（冠顶至足底）、通高约2.6米，1986年出土于三星堆遗址2号祭祀坑，是现存最高、最完整的青铜立人像，被誉为“世界铜像之王”。

和清朝一样，人人都拖着一根长长的辫子？

孩子们问青铜龙，它搔了搔脑袋，表示不知道。

正纳闷着，耳畔忽然轻轻响起一个熟悉的声音。

啊，这是爷爷呀！

想不到爷爷在成都家中的书房里，并没有对青铜龙带着东逛西逛的孩子们袖手旁观，时时刻刻关心着他们呢。

爷爷解释说："3000 年前根本没有理发店，也没有剪刀。头发越来越长，只好拖在后面。他们生活在原始森林里，披头散发到处乱跑，无论打猎还是走路都很不方便。万一被凶猛的野兽追赶，头发被树枝钩住，那可就麻烦了。"

虎娃说："哎呀！ 那就会成为野兽的早饭啦！"

孝哥一下子明白了，如果梳一根辫子就方便多了。

爷爷说："对啦！ 这就是进步的辫子，对生活和生产活动都有好处。"

孩子们在三星堆王国里走呀走，瞧着精美的玉器和青铜器，不明白为什么在 3000 年前也有这样高超的文明。

他们想呀想，怎么也想不明白。

爷爷的声音又轻轻响起了。

他告诉孩子们："这是和平生活的结晶呀！ 三星堆文明最灿烂的时期，在距今 4200 年到 2800 年间，整整有 1400 年的和平阶段。和平环境就是创造文明最好的温床呀！"

孝哥有些不明白，问看不见的爷爷："怎么知道三星堆王国有那么长的和平时期呢？”

爷爷解释说：“你们看吧，这儿用来做真正实战武器的青铜戈特别少，其数量远远比不上用来祭神的玉戈。这就是一个最好的证明。”

噢，这就是化干戈为玉帛的真实例子。

“还有呢，”爷爷又说，“这儿的城墙压根儿不是真正的城墙，只不过是一圈又低又平缓、两边倾斜的防洪堤。那时候，周围根本没有强大的敌人，没有战争，用不着修造城墙。真正威胁人们的是洪水，防洪胜于防寇。人们过着幸福的和平生活，才孕育出灿烂的三星堆文明。”

哦，明白了。和平多么可贵，社会稳定多么重要！这才是文明进步的根本保证呀！

青铜龙带着孩子们，一会儿飞进古老的三星堆古蜀国里，一会儿又飞出来，飞到现在的三星堆博物馆。孩子们在博物馆里看见一些奇怪的字，都是一个个大眼睛，拖着一根根弯弯扭扭的“尾巴”，不知道是什么意思。

青铜龙不知道，只好问看不见的爷爷。

爷爷说：“这就是甲骨文里的‘蜀’字呀！”

瞧，这只大眼睛，就是古蜀王国最早的首领蚕丛。传说他鼓着一双大眼睛，叫作“纵目人”，发明了养蚕和纺织丝绸。这个“蜀”字的大眼睛，说的就是他。弯弯扭扭的“尾巴”是吐丝的蚕。为了使人注意，后来人们在下面再加一个“虫”字，就变成“蜀”

商青铜神树

国家一级文物，1986年出土于三星堆遗址2号祭祀坑。青铜神树共有8棵，其中修复完整的一棵高达3.96米，是全世界已发现的最大的单件青铜文物，被命名为“一号神树”。

了，岂不正好说明这是一个“纵目人养蚕产丝的国度”吗？

啊，原来CHINA就是“丝国”，丝绸最早出现在远古“南方丝路”的起点成都。

喂，中国人，要寻根，请到这里来吧。

喂，外国朋友，要看最早的CHINA，请到成都的三星堆和金沙遗址来吧。

明白了这一点，三个孩子都很兴奋。

出生在成都的虎娃非常骄傲。孝哥和杏儿也说：“我们从海外回来寻根，到了这里真开心！”

三个孩子高高兴兴在这儿东走西走，瞧见一只只青铜鸟、青铜老虎，一棵棵青铜大树，都活灵活现的。

他们走呀走，忽然抬头看见一个青铜太阳，活像笼子里的野兽，被关在一个密不透风的青铜圈子里。一道道金色的光芒，没法放射出来。

杏儿和虎娃问它：“喂，太阳，为什么你藏在里面不出来？”

青铜太阳哭兮兮地说：“我没法出来呀。”

咦，这是怎么一回事？

青铜龙还来不及回答，就听见爷爷的声

音了。

爷爷说："听说过后羿射日的故事吗？传说，那时候天上有10个滚烫的太阳，晒得大家受不了，庄稼也枯萎了。后羿就射掉了多余的9个太阳，只留下一个，让它老老实实给人们服务。"

眼前这个青铜圈子里的太阳，就像一个热烘烘的火炭团儿。

它不停叫唤："放我出去吧，窝在里面好难受呀！"

孩子们同情它。太阳不是小狗，把它关在笼子里，实在太不像话。他们边说边动手，打开了青铜圈子，把关在里面的太阳放了出来。出笼的太阳得到自由，呼的一下就飞上天，散发出火辣辣的热力，晒得他们直流汗，热得真够呛。

孩子们还来不及喘过气来，一个古里古怪的人立刻钻了出来。他戴着一个青铜面具，瞪着一双竹筒一样的眼睛，恶狠狠问他们："你们是从哪儿来的？为什么放出这个毒日头？"

哎呀，不好了，他是这儿的大巫师。准是孩子们犯了错，要把他们也关进笼子里。

孩子们惹不起大巫师，不愿意像那个可怜的太阳一样被关起来。三十六计，走为上计。青铜龙趁巫师不注意，连忙带着三个孩子嗖的一下飞上天，转眼就消失在天空里。

山是一座佛，佛是一座山

青铜龙带着孩子们从三星堆逃出来，往南飞到岷江边，瞧见江边坐着一个巨人。

虎娃高兴地喊起来：“哇，这个巨人真大呀！我们到了童话世界吗？”

孩子们再仔细一看，这才看清楚了，原来是一座巨大的佛像。

哇，它坐着和山一样高。如果站起来，岂不是比山还高吗？人们说“山是一尊佛，佛是一座山”，一点儿也不错。

这是什么时代的大佛？

青铜龙说：“这是唐朝的。”

噢，那就是辉煌的大唐帝国，杜甫老爷爷的时代嘛。

青铜龙说：“它比杜甫晚诞生一年，可是直到杜甫死后 33 年，才最后完成。”

咦，这是怎么一回事？杜甫老爷爷拖着多病的身体，在人世间活了 58 年。如果按照青铜龙的说法，这座大佛岂不是经过了整整 90 年才建造成的吗？

青铜龙点头说：“是呀！雕刻一座大佛不容易。中间还有人

乐山大佛，又名凌云大佛，位于四川省乐山市东南凌云山栖鸾峰临江峭壁，大渡河、青衣江和岷江三江汇流处。大佛为弥勒佛坐像，通高71米，是世界最大的石佛像。

打它的主意，不是一下子就造好的。”

孩子们不明白，修造大佛是好事，为什么还有人动鬼主意？

青铜龙讲了一段故事。

原来这儿是三江汇流的地方，水势特别凶猛，常常造成船毁人亡的悲剧。为了平定洪水，保障航行安全，有一个叫海通的和尚决心在这里建造一座大佛，依靠佛力保佑平安。

修造这样一座大佛，要有钱才行呀！他走遍天下募捐。佛像动工后，当地一个贪官派人拿一个盘子来，想分满满一盘子钱。

海通和尚不声不响，挖了自己一颗眼珠，放在空空的盘子里说：“眼珠可剜，佛财难得。”

那个贪官大吃一惊，再也不敢伸手了。人们非常感动，纷纷出钱出力，好不容易才造好这座大佛。

贪官太可恨，这个海通和尚真值得敬佩。

孩子们正看着，空中忽然刮起一股黄风。

啊呀！不好了，三星堆的巫师追来了。青铜龙赶快带着他们钻进大佛的耳朵。这个耳窟窿很大，好像一个幽深的山洞，甭说三个孩子，再多的孩子也能装下。

那个巫师咆哮着，到处寻找他们。

大佛一下子站起来警告他：“欺负毛孩子算什么本事？有什么话，对我说吧。”

站直了身子的大佛，脑袋几乎挨着云彩，个儿比巫师大得多。巫师没有办法，只好夹起尾巴灰溜溜离开了。

木鱼鸟，弹琴蛙

从三星堆追来的巫师走了。青铜龙对躲在大佛耳朵里的孩子们说：“没事了，出来吧。”

孝哥出来了，杏儿和虎娃还在里面玩。

这个耳朵像一个很深的地道，多好玩呀！里面弯弯拐拐的，不怕风吹日晒，不管乘凉还是捉迷藏都是特好的地方。

杏儿兴冲冲地说：“在大佛的耳朵里，我好像一只小虫虫。”

虎娃也说：“我也是小虫虫，给大佛的耳朵搔痒痒呢。”

他们玩得可带劲了，青铜龙和孝哥喊了好久也不出来。

大佛被这两个顽皮孩子搔得痒痒的，伸出手指轻轻挖一下，把他们挖出来，放在掌心里说：“你们想变小虫虫，就变成小虫虫去玩一会儿吧。”

说着，大佛朝他们轻轻吹一口气，他们真的就变成了两只小虫虫。

大佛再轻轻吹一口气，顺着一股风，两只小虫虫飘呀飘呀，一下子就飘得无影无踪了。

孝哥急了，问大佛：“你把我的弟弟、妹妹吹到哪儿去了？

变成小虫虫，还会变回来吗？”

大佛不说话，只是微微笑了一笑，又吹一口气，把孝哥和青铜龙也吹得远远的，让他们自己去找杏儿和虎娃。

杏儿和虎娃顺着风，飘到不远处的一座云雾沉沉的大山里。他们从半空中落下来，一骨碌就掉进黑幽幽的森林里，一直落到一棵大树脚下，乱蓬蓬的野草中间。

杏儿看看虎娃，虎娃瞧着杏儿，不知怎么一回事，他们都变成了小小的硬壳虫，背上长着翅膀，肚皮下面有六只脚。

虎娃急了，这怎么回去见妈妈呀？

杏儿也急了，变成了小虫虫，还能变回原来的样子吗？

可是现在他们没有时间多想这些问题了。一只鸟儿瞧见他们，拍了拍翅膀冲下来，想把他们一口吃掉。多亏杏儿发现了，连忙拉着虎娃藏进草丛里，大气也不敢出一下，躲过了鸟儿袭击。

鸟儿飞走了。他们的心儿扑扑跳，歇了好久才喘过气来。

这时候，他们听见一个熟悉的声音。

“杏儿妹妹，虎娃弟弟，你们在哪里？”

这是孝哥的声音，他骑着青铜龙赶来找他们了。

杏儿和虎娃连忙大声喊叫：“救命呀，我们在这里！”

可惜他们身子变小，声音也太小了。青铜龙驮着孝哥呼的一下就飞过去了，压根儿没有瞧见他们。

杏儿牵着虎娃，顺着一棵小树往上爬，想爬上去找孝哥和青铜龙，抬头瞧见一片枯黄的树叶。他们正想伸手摸一下，那片树叶忽然活了，张开翅膀从他们的鼻子下面轻轻飞走了。

啊，原来是一只枯叶蝶。

天渐渐黑了，四周一片静悄悄。两个孩子疲倦了，正想挨在一起睡觉，忽然听见一个奇怪的声音。

“梆梆、梆梆……”

一下又一下，一阵阵响个不停，不知道是什么声音。

“梆梆、梆梆……”

在静静的夜里，声音非常清脆。

“梆梆、梆梆……”

杏儿仔细听，一下子听出来了。这是敲木鱼的声音呀！

谁在半夜敲木鱼？

准是念经的老和尚。

两个孩子高兴了。有敲木鱼的老和尚就有庙，有庙就能够和外面通消息。只要找到庙里敲木鱼的老和尚，就有办法帮助他们找到青铜龙和孝哥了。

他们不睡觉了，连忙循着声音找过去，想找到那个半夜敲木鱼的老和尚。

找呀找，没有找到老和尚，也没有找到庙，想不到却找到一只鸟，正在“梆梆、梆梆”啄木头呢。

虎娃问它：“你是谁？”

它说:“我是木鱼鸟,不是老和尚。”

过了一会儿,两个孩子又听见一阵阵清脆的琴声。

咦,谁在半夜里弹琴?

两个孩子想,这准是有人弹琴,再也不是什么鸟了。

找呀找,他们没有找到奇怪的琴师,却找到一只奇怪的青蛙。

青蛙说:“我是峨眉山的弹琴蛙,不是弹琴的音乐家。”

噢,原来他们到了有名的峨眉山。

弹琴蛙觉得很奇怪,两只小虫虫怎么会说话? 它饿了,这岂不是送上门的晚餐吗?

它张开大嘴巴,想把杏儿和虎娃一口吞进肚子。

呜呜呜,两个孩子再也逃不了啦。

这时奇怪的事情发生了。弹琴蛙还没有扑到两个孩子跟前,他们一下子就恢复成原来的样子,把弹琴蛙吓了一大跳。

乐山大佛本来就是这样说的嘛,只是把他们变成小虫虫玩一会儿,并不是真的要把他们变成虫。

呵呵呵,慈悲为怀的大佛,怎么会把两个乖乖的毛孩子送进青蛙的嘴巴呀!

嘿嘿嘿,这是好心的大佛的安排呀! 要不,怎么会见识稀罕的木鱼鸟和弹琴蛙呢?

神秘的佛光

什么是“佛光”？
这是空中现出的一个光环，光环里藏着你的身影，你动它也动，真奇怪呀。如果你相信真是神仙显灵就上当啦，原来这是太阳光反射时玩弄的一场魔术。

两个差点儿被弹琴蛙吃掉的孩子，又和青铜龙、孝哥相遇了。

青铜龙说：“来了峨眉山，要上金顶看看云海、日出和**佛光**呀！”

金顶就是峨眉山顶，高高耸峙在云层上面，沐浴着太阳光辉大放金光，所以叫这个名字。站在高高的峨眉山顶看云海和日出，再好也没有了。

三个孩子朝着远方看呀看，一下子瞧见一个奇怪的景象。

孝哥手指着远远的云端，惊奇得大声喊叫：“哇，我瞧见了我自己。”

杏儿也说：“哈哈！我也看见了我自己。”

虎娃高兴得跳了起来，笑嘻嘻地对大家说：“看呀，我在那个圈圈里面。”

他说的“圈圈”，是一个圆圆的光圈。每

个孩子的影像都浮现在圆圈中间，好像照镜子似的，只有自己才能看见。

咦，这是怎么一回事？

青铜龙说："这就是峨眉山特有的佛光呀！"

啊，佛光，实在太精彩、太神秘了。孩子们说不出多么高兴，跳呀，叫呀，闹翻了天。

哎呀！不好了，半空中忽然闪现出那个从三星堆追来的巫师，他恶狠狠地叫嚷道："好呀，原来你们跑到这儿来了！这一次，别想再溜掉了。"

说着，他就冲下来，想像老鹰捉小鸡似的，一把抓住他们。说时迟那时快，青铜龙连忙带着三个孩子飞上了天。

孝哥说："快钻进云里吧，让他去抓我们在佛光里的影子。"

杏儿和虎娃吓哭了，急得大声喊叫。

杏儿说："我情愿再变成小虫虫，也不想被他抓住。"

虎娃说："就是再遇着想吃我们的弹琴蛙，也比这个可怕的巫师好。"

青铜龙安慰他们："别害怕，咱们到龙窝里去找我的兄弟吧。"

孝哥问："他们就在这儿吗？"

青铜龙说："不远，一眨眼的工夫就到了。"

古诗窗

【李白描写峨眉山的诗】

峨眉山月歌

峨眉山月半轮秋，影入平羌江水流。
夜发清溪向三峡，思君不见下渝州。

登峨眉山

蜀国多仙山，峨眉邈难匹。
周流试登览，绝怪安可悉？
青冥倚天开，彩错疑画出。
泠然紫霞赏，果得锦囊术。
云间吟琼箫，石上弄宝瑟。
平生有微尚，欢笑自此毕。
烟容如在颜，尘累忽相失。
倘逢骑羊子，携手凌白日。

龙窝里的周旋

趁着漫天云雾，青铜龙带着三个孩子飞上天，一下子就到了另一个地方。

孩子们抬头一看，原来是一座博物馆，面前全是可怕的大恐龙。有的伸着长长的脖子，有的做出张牙舞爪的样子；个儿比公共汽车还大，有的比一节火车车厢还长。不消说，它们都是光骨头架子，动也不能动一下，没有一丁点儿生气。

孝哥好奇地问："它们能保护我们吗？"

青铜龙说："可以呀！"

说着，它就放大嗓门喊叫了一声："喂，兄弟们，醒来吧。"

呵呵，说也奇怪。随着它一声呼喊，所有的恐龙都醒了，身上一下子就长满了肌肉，慢慢活动着身子。

一只长脖子龙说："欢迎！欢迎！欢迎青铜兄弟来看我们。"

另一只霸王龙瞪着冷冰冰的大眼睛，瞅着青铜龙身边的三个孩子说："这是给我吃的早餐吗？我已经有6500万年没有吃东西，肚子早就饿瘪了。"

它边说边磨着牙齿，一步步朝虎娃走来，嘴角流着涎水说：

“这个孩子的肉好嫩呀，很对我的胃口。”

虎娃瞧见它一步步走近，吓得哭了起来。孝哥和杏儿也吓得连忙躲在青铜龙的背后，大声喊叫救命。

青铜龙挡住馋嘴的霸王龙，告诉它：“这是我带来的孩子，谁也不许碰他们一下。后面有一个不讲理的巫师追来，大家帮助我们抵挡一下吧。”

恐龙们一听，都吵闹起来。

“哇呀呀！ 他敢吗？”

“欺负人也不看看对象，竟敢欺负到咱们龙家兄弟的头上了。”

“这是什么鬼巫师？ 他敢来，我就一口把他吃掉。”

“哼哼哼……”

“哇哇哇……”

三星堆的巫师也追来了。他才不怕恐龙呢，略微施展一下法术，立刻飞沙走石，迷住了恐龙们的眼睛。他自己也变成一股风，在晕头转向的恐龙中间来回旋转，寻找躲在恐龙中间的孩子们。多亏仗义的恐龙们拼命抵抗，把孩子们紧紧护卫在中间。

青铜龙瞅住一个空子，带领三个孩子一溜烟逃出了“魔掌”，让巫师和恐龙兄弟们慢慢吵架吧。

走在半路上，虎娃的脑瓜里忽然冒出一个问题：这儿的恐龙又多又狠，怎么一下子就死光了？

青铜龙说：“科学家发现它们的骨骼里有许多砷，中毒了呀！”

呜哇哇，想不到这里的岩石里有毒啊。

自贡是“恐龙之乡”。1977 年自贡东北郊的大山铺，挖掘出一个比较完整的蜥脚类恐龙化石，一下子震惊了世界。原来这里是一个侏罗纪恐龙及其他脊椎动物化石遗址，当地政府干脆在发掘现场修建了恐龙博物馆供大家参观。

自贡市盐业历史博物馆

位于自贡市古色古香的西秦会馆，是1959年邓小平倡议建立的。馆内展出了唯一一套中国古代井盐钻井工具，还有许多历史文物和专业资料，是一个独具特色的专业博物馆。

青铜龙说："可不能这样说呀。地质历史很长，这儿也很宽广。其实这里到处都是宝，只不过这些恐龙的运气不好。没准儿一个湖里的水恰巧有许多砷，它们叽里咕噜喝水中了毒。"

孝哥好奇地问："这里到底是什么地方？还有什么宝贝呀？"

青铜龙说："这是四川**自贡**。这里不仅是'龙都'，还是有名的'千年盐都'呢。"

杏儿问："这是怎么一回事？"

青铜龙说："这里早在东汉时期就开凿了第一口盐井；北宋时期，这里的井盐生产技术更加了不起，发明了用坚硬的钻头冲击岩石，再用绞车把破碎的岩屑和泥土捞出来，提取深处盐分的技术。"

这就是有名的"卓筒井"，人类历史上的一个重大科技发明。

苏东坡的家乡

下面是岷江。

这就是毛泽东吟咏的“更喜岷山千里雪，三军过后尽开颜”，积雪皑皑的岷山下面的那条江。

这就是从高高的龙门山里奔流出来，经过都江堰流出来的那条江。

青铜龙带着三个孩子，躲避着可怕的三星堆巫师的追赶，顺着岷江往前飞，掠过了一片片田野、一个个市镇，忽然一个猛子扎下来，几乎紧贴着地面，围绕着三个古人的雕像转了一个圈儿。

孝哥好奇地问：“他们是谁？”

杏儿问：“这是什么地方？”

青铜龙说：“这是纪念苏东坡和他的父亲苏洵、弟弟苏辙的三苏祠。苏东坡又叫苏轼。父子仨都很有学问。中国孩子知道唐朝的李白、杜甫，还应该知道宋朝的苏东坡才对。”

话还没有说完，耳畔就传来一个声音。

明月几时有？ 把酒问青天。
不知天上宫阙，今夕是何年。
我欲乘风归去，又恐琼楼玉宇，高处不胜寒。
起舞弄清影，何似在人间。
转朱阁，低绮户，照无眠。
不应有恨，何事长向别时圆？
人有悲欢离合，月有阴晴圆缺，此事古难全。
但愿人长久，千里共婵娟。

啊，这是苏东坡的声音呀！

他的诗词多么洒脱、多么豪放，和杜甫的悲伤情调大不一样。他似乎也想飞起来，和孩子们一起飞向远方，到处去玩呢。

这儿是他的家乡眉山市。这位大文人就是从这里走出来，迈步走向四方的。

红色大盆地

接着再到哪儿去？

青铜龙说："那个三星堆的巫师是死脑筋，准以为我们一直往前跑。咱们和他捉迷藏，叫他扑一个空。"

巫师往前追，青铜龙干脆掉转身子，带着孩子们往回跑。

孩子们在龙背上坐稳了，钻进一团云雾溜掉了，一会儿在云里，一会儿在雾里，飞过了四川盆地。

孩子们从龙背上往下看，下面是一片低矮的红色丘陵，觉得非常奇怪。

咦，这是怎么一回事？ 这些小山怎么是红的？

虎娃说："哈哈！ 这和我用红蜡笔画的一个样。"

杏儿猜："是不是一桶红油漆被打翻了？"

孝哥猜："没准儿这些山本来就是红的吧？"

青铜龙点头说："你说对了。这儿的岩石是红的。石头风化了，生成的土壤也是红的。四川盆地是一个物产丰富的红色盆地呀！"

这个盆地出产什么东西？

四川盆地鸟瞰。四川盆地是中国著名红层盆地，其地表岩石主要为紫红色砂岩和页岩。这两种岩石极易风化发育成紫色土，紫色土含有丰富的钙、磷、钾等营养元素，是南方最肥沃的自然土壤。

孩子们到过自贡，知道当地的盐很多。

杏儿和虎娃说："这里是咸的。"

青铜龙摇了摇脑袋说："那才不见得呢。"

它带着孩子们低低飞下去，掠过一片甘蔗林。这里有人正在吃甘蔗，还有一座座制糖的工厂。

呵呵，这儿还是甜滋滋的呢。

这个红色盆地很大很大，东西有400多千米长，南北有300多千米宽，里面装着许多山、许多河、许多城镇和田野，有上亿人口，比世界上所有的盆地都大，是咱们中国四大盆地之一。

有趣的是，这个盆地和平常的盆子不一样，

不是圆圆的，而是一个东南西北都有棱有角的菱形。

这个盆地里，不仅有盐和糖，天然气也特别多，是有名的天然气王国。

青铜龙接着往西北方向飞，飞过一道长长的石头“城墙”。“城墙”从天边延伸到天边，一眼看不见边，只留下中间一条缝隙，形成一个关口，好像天然的万里长城。

再仔细一看，它的北边崖壁陡峭，南边山坡平缓。如果敌人从北边来，插着翅膀也没法飞过去。

这是什么地方？

这就是大名鼎鼎的剑门关呀！

杜甫称赞说：“唯天有设险，剑门天下壮。”李白形容这里“一夫当关，万夫莫开”，说得真不错。

孝哥读过《三国演义》，知道三国时期的大将姜维曾经据守这里，让魏军没法前进一步。可惜背后那个不争气的皇帝阿斗投降了，姜维和前方将士气得砍石头，又有什么办法呢？

再往前飞，就是盆地的北部边缘，巍峨的大巴山和秦岭了。

这里的地形更加险要，隔开了古时候的蜀和秦，现在的四川和陕西。难怪大诗人李白叹息说：“蜀道之难，难于上青天。”

这儿真的不能通过吗？青铜龙带着孩子们低低飞进峡谷，瞧见峡谷两边像刀削斧劈一样，没有立足的地方，下面急流咆哮翻滚，也不能划船，真是一个人间罕见的天险。

这样的天险真的不能通过吗？

不，那可小看了古人。青铜龙飞得再低些，杏儿和虎娃眼睛尖，一下子就瞧见崖壁上有一条小路。

那不是一般的“路”，是一个凌空搭建的“空中走廊”，活像修造房屋的脚手架，紧贴在崖壁上，人们就从上面走过去。

啊！这就是栈道，是一条条穿过秦岭、大巴山的有名的蜀道的一部分呀！

不消说，修造这样的栈道非常困难。李白说：“地崩山摧壮士死，然后天梯石栈相钩连。”这真是一个了不起的工程。

这个栈道是谁修造的？有一个故事。

传说战国时期秦惠文王想进攻藏在秦岭、大巴山背后的蜀国，没法翻过大山，就在山里雕刻了五头石牛，谎说它们拉的粪都是黄金。傻乎乎的蜀王一听，连忙派五丁力士开山修栈道，把神奇的石牛运回来。想不到栈道修好了，秦国的大军也跟着来了，一下子就灭掉了蜀国。今天在成都，还有金牛区、五丁塑像等纪念这件事的地点和文物。

现在蜀道再也不难了。

青铜龙飞得低低的，瞧见一辆辆汽车，一列列火车，还有熟悉的高铁，在高高的山中间飞驰。孩子们再也不信蜀道难了，高兴得拍起手来。

李白的诗应该改一下。

蜀道易，易如履平地……

古文廊

蜀道难

噫吁嚱，危乎高哉！蜀道之难，难于上青天！蚕丛及鱼凫，开国何茫然！尔来四万八千岁，不与秦塞通人烟。西当太白有鸟道，可以横绝峨眉巅。地崩山摧壮士死，然后天梯石栈相钩连。上有六龙回日之高标，下有冲波逆折之回川。黄鹤之飞尚不得过，猿猱欲度愁攀援。青泥何盘盘，百步九折萦岩峦。扪参历井仰胁息，以手抚膺坐长叹。

问君西游何时还？畏途巉岩不可攀。但见悲鸟号古木，雄飞雌从绕林间。又闻子规啼夜月，愁空山。蜀道之难，难于上青天，使人听此凋朱颜！连峰去天不盈尺，枯松倒挂倚绝壁。飞湍瀑流争喧豗，砯崖转石万壑雷。其险也如此，嗟尔远道之人胡为乎来哉！

剑阁峥嵘而崔嵬，一夫当关，万夫莫开。所守或匪亲，化为狼与豺。朝避猛虎，夕避长蛇，磨牙吮血，杀人如麻。锦城虽云乐，不如早还家。蜀道之难，难于上青天，侧身西望长咨嗟！

大渡桥横铁索寒

青铜龙带着三个孩子飞过贡嘎山，对三个孩子说：“走呀，我们去看一座桥。”

孝哥问：“什么桥？”

杏儿问：“很远吗？”

虎娃问：“好玩吗？”

青铜龙说：“这座桥不远，一眨眼就到。这是中国革命史上一个重要的纪念地点，革命教育的学习课堂。”

那到底是什么地方呀？

青铜龙说：“一下子给你们说不清，到那儿一看就知道了。”

它带着孩子们钻进一个大峡谷，两边都是陡峭的高山，中间有一条浪花翻滚的河流。这真的是穷山恶水，一个瞧着都心惊胆战的地方。

哎呀！地球上怎么会有这么一个险恶的角落？

抬头看，河上横跨着一座铁索桥，好像一根紧紧的铁链，把两边的悬崖绝壁和河岸拉在一起，真的非常险要。再一看，一边只有稀稀拉拉几座房子，一边有一个小小的城镇。

孝哥问：“这是什么河？”

青铜龙说：“这就是有名的大渡河呀！”

杏儿问：“这是什么城？”

青铜龙说：“这是泸定县城。”

虎娃问：“这座铁索桥有名字吗？”

青铜龙不用回答了。桥头上两块碑，上面写着“泸定桥”和“全国重点文物保护单位”几个大字。

啊呀呀！ 这就是早就听说过的泸定桥呀！

孩子们看见，这座桥和别的铁索桥不一样，它横跨在大渡河上，气势非常雄伟。低头看下面，翻翻滚滚的大渡河水，发出很

响很响的吼声，好像一头发怒的狮子，怪声吼叫着奔流过去。如果没有这座铁索桥，人们压根儿甭想到对岸去。

啊，原来这是中国工农红军强渡天险大渡河、飞夺泸定桥的地方呀！

孝哥问："这个地方太险恶了，红军怎么会来到这里？"

青铜龙说："红军万里长征的路线，没有一个地方不危险。敌人妄想把红军逼到绝路，困死在这个山旮旯里。"

红军长征时经过这里，后面有追兵，被困住了，几乎陷入绝境。当时红军只能顺着大渡河的西岸往前走，只要能够转移到东岸，就可以安全冲出敌人的包围圈。

起初红军组织了一个突击队，在大渡河中游的安顺场夺了两只小渔船，渡过大渡河占领了对岸的渡口。可是这里的河水太急，没法架桥，两只船不能运送大队人马。红军只好顺着西岸继续前进，夺取最后的通道泸定桥，强渡天险大渡河。

红军和追赶的敌人赛跑，抢先到了铁索桥的桥头。

站在河边看，要想过桥不容易。

这座桥有 100 多米长，两米多宽。它横跨在波涛汹涌的大渡河上，风一吹，晃里晃荡的。就算在平时，胆小的人也不敢放开脚步往前走。

这时候，敌人把桥板抽光了，只剩下几根光溜溜的铁索。要想按照平常的办法，大队人马顺顺当当地走过桥，根本不可能。

这还不算什么呢！ 敌人还在对岸架起机枪、大炮，恶狠狠地监视着这边的行动，要想过去就更加困难了。

摆在红军面前的只有一条路，坚决夺取这座桥，大军才能安全过河，冲出包围圈。

怎么办？怎么才能冲过去，占领这座至关重要的铁索桥？

1935 年 5 月 29 日下午，红军发起了冲锋。在激昂的军号声中，夺桥战斗打响了。20 多名突击队员，在机枪掩护下，冒着敌人的枪林弹雨，攀着光溜溜的铁索，一步步匍匐前进。

红军战士大无畏的勇气吓倒了敌人。勇士们终于冲到了对岸，占领了这座铁索桥。跟在后面的战友飞快铺好桥板，接着攻占了对岸的泸定城。中央红军主力全部从桥上通过，摆脱了敌人的追击。

红军过了泸定桥，接着向前进，穿过雪山草地。在毛泽东的指挥下，红军二万五千里长征终于取得了最后胜利。

向你们敬礼，英雄的红军！

向你敬礼，中国革命史上的重要里程碑——横跨**大渡河**的泸定桥！

大渡河

古称“沫水”，岷江最大支流。主流大金川西源麻尔柯河出青、川两省边境果洛山，东源梭磨河出红原县，两源汇合后称“大金川”，在丹巴县接纳小金川，始称大渡河。流域内旅游资源丰富，著名的峨眉山、贡嘎山、海螺沟、金口大峡谷都是独特的旅游景观。

近现代诗窗

七律·长征

毛泽东

红军不怕远征难，万水千山只等闲。
五岭逶迤腾细浪，乌蒙磅礴走泥丸。
金沙水拍云崖暖，大渡桥横铁索寒。
更喜岷山千里雪，三军过后尽开颜。

铁杵磨成绣花针

青铜龙带着孩子们来到一个山坳，瞧见一块大石碑，上面写着“太白故里”四个大字。

孝哥问：“这是什么地方？”

青铜龙说：“这就是唐代大诗人李白的家乡，四川省江油市的青莲镇呀！”

杏儿问：“这是他出生的地方吗？”

青铜龙摇摇头说：“不，他出生在西域的碎叶城。这里是他童年时代生活的地方，也算是老家嘛。”

虎娃对青铜龙说：“给我们讲一个他小时候的故事吧？”

青铜龙点点头，就讲了一个李白的故事。

据说，李白小时候很贪玩，不喜欢念书，常常逃学到外面去闲逛。

有一天，他读书读厌了，把书一丢就跑出去玩。他来到一条小河边，瞧见一个白头发的老婆婆，正在磨一根很粗的铁杵。

李白觉得很奇怪：没事磨铁杵干什么？

老婆婆说：“我想要做一根绣花针。”

哈哈！哈哈！李白笑了，对她说："这么粗的铁杵要磨成一根针，要花多大的功夫呀！"

老婆婆说："这有什么不成呀？滴水可以穿石，愚公可以移山，铁杵为什么就不能磨成绣花针？只要功夫深，就能够达到目的。"

李白说："您这么大的年纪，能够做到吗？"

老婆婆说："年纪大小没有关系，只要有恒心就成。"

是呀！常言道，功夫不负有心人。不管做什么事情，只要有恒心，能够认真努力，就一定会成功。

听了老婆婆的话，李白非常惭愧，白头发老婆婆都能这样做，自己这么年轻，还能不好好读书吗？

他一下子明白了，转过身子就走回书房，认认真真读书，再也不出去瞎晃荡了。

虎娃感到好奇，问："那个老婆婆真的磨成了绣花针吗？"

青铜龙说："不知道老婆婆什么时候磨成绣花针，只知道李白专心读书，终于成为一位伟大的诗人。"

这个故事传出去，大家都懂得了：只要功夫深，铁杵也能磨成绣花针。

虎娃也懂得了其中的道理，对青铜龙说："我也要好好读书，像那个老婆婆一样，用铁杵磨成绣花针的精神，努力学习，天天向上，做一个好学生。"

死 字 旗

时间帷幕不能穿过吗？

那才不见得呢！

平平常常的人穿不过，龙可不一样啦！ 俗话说，神龙见首不见尾。

为什么瞧见脑袋，瞧不见尾巴？

道理很简单。因为它的脑袋在人间，没准儿身子在未来，尾巴拖在秦朝和汉朝呢！

哼哼！ 这就是龙，和平常人不一样。

青铜龙飞着飞着，忽然亮了一招，一下就钻进了时间隧道。

这一次钻得不深，只是很近的几十年前。

这是离成都不远的一座小县城，安县曲山镇的学校。这个曲山镇就是现在的北川老县城。

学校的上课铃响了，一个老师站在讲台上，叫起来一个同学，大声问他："你忘记了日本鬼子占领我国的东三省吗？"

这个同学回答："没有忘记，永远也不会忘记。"

老师又问另一个同学："你忘记了日本鬼子占领我国的华

北吗？”

这个同学回答：“没有忘记，绝对不会忘记。”

老师问所有的同学：“你们忘记了日本鬼子在屠杀我国同胞吗？”

同学们一起站起来，眼眶里满含着泪水，齐声回答：“不敢忘记！ 永远也不敢忘记！”

孝哥三兄妹，隔着薄薄的时间帷幕，看得发呆了，有着说不出的感动。这就是民族危难的时候，一个小小的乡镇学校的课堂。

他们还来不及再多看一眼，青铜龙又飞到了县城的公园里。许多青年穿着新军装，整整齐齐排成队，在父老乡亲的欢呼声和鞭炮声中，正准备参军奔赴抗日前线呢。

正看着，旁边的人群里忽然走出一个老人，他双手举着一块四四方方的白布，交给队列里的一个新兵。

咦，这是什么？

孝哥仔细一看，只见中间写着一个大大的“死”字，两边还密密麻麻写满了小字。

右边是：“我不愿你在我近前尽孝，只愿你在民族分上尽忠。”

左边是：“国难当头，日寇狰狞。国家兴亡，匹夫有分。本欲服役，奈过年龄。幸吾有子，自觉请缨。赐旗一面，时刻随身。伤时拭血，死后裹身。勇往直前，勿忘本分！”

啊！原来这是一面特殊的“死字旗”呀！

他是谁？

青铜龙说：“这个老人叫王者诚，正在送儿子王建堂上战场。”

原来，王建堂就是先前讲述的那个乡镇的青年。眼看国土一寸寸沦陷，敌人那么猖狂，他实在忍不住了，自己组织了一个“川西北青年请缨杀敌队”，报名参军，要上战场杀敌。

这就是国家危难的时候，一个爱国的父亲的心愿，一个有志气的儿子的担当。

孩子们非常感动，连忙问青铜龙。

杏儿说：“你是什么都知道的龙。快告诉我们，这个老人家的儿子后来怎么样了？”

孝哥问：“他受伤了吗？”

虎娃问：“他牺牲了吗？”

青铜龙摇摇头说："不，他受了好几次伤，却没有牺牲，往后的故事还多呢。"

有一次，他带领一个排，趁着黑夜摸进湖南茶陵县城，把敌人赶了出去，打退了敌人的反扑，打死打伤上百个鬼子。

另一次，他带领突击队爬上一座山，正好和从山那边爬上来的敌人撞在一起。他被一刺刀扎进肋骨，多亏后面的战友开枪，才打死那个鬼子救了他。

还有一次，他们冒着敌人密集的炮火冲锋，战友们一个个倒下去。他忽然觉得肚皮一阵剧痛，知道自己肯定中弹了，却还憋着一股气，接着往前冲。战斗结束以后，他才仔细检查，摸着一个硬邦邦的东西。想不到兜里有一个带缺的银圆，正好挡住了那颗子弹，银圆已经被子弹打得变了形，陷在了身体里。

在接连好几年的抗战中，王建堂参加过几十次战斗，受伤过四次，立了许多功。

杏儿忍不住说："他真是英雄呀！"

孝哥问："后来他怎么样了？"

青铜龙说："解放成都的时候，他跟随部队起义，最后终于成为一名光荣的中国人民解放军战士。"

虎娃问："那面'死字旗'呢？"

青铜龙说："那在激烈的战斗里早就找不到了。现在成都建川博物馆还保存着一件复制品，到时候去看看吧。"

不朽的黄继光，不朽的邱少云

青铜龙带领孩子们来到一个偏远的农村。

眼前是一片起伏不平的小山包，景色非常单调，一点儿也不起眼。

孝哥问："这是什么地方？"

青铜龙告诉他："这是四川省中江县的一个乡村，这里有一位英雄。"

杏儿连忙问："他是谁？"

青铜龙告诉她："黄继光。"

虎娃求它："快讲讲他的故事吧。"

青铜龙沉默了一下，给孩子们讲了一个故事。

它说："这儿是黄继光的家乡。1930 年的冬天，他就出生在这个地方。"

在他六七岁的时候，他的爸爸就病死了。他从小就在地主家里做长工，割草放牛过日子，新中国成立后才翻了身，当上了村里的民兵。

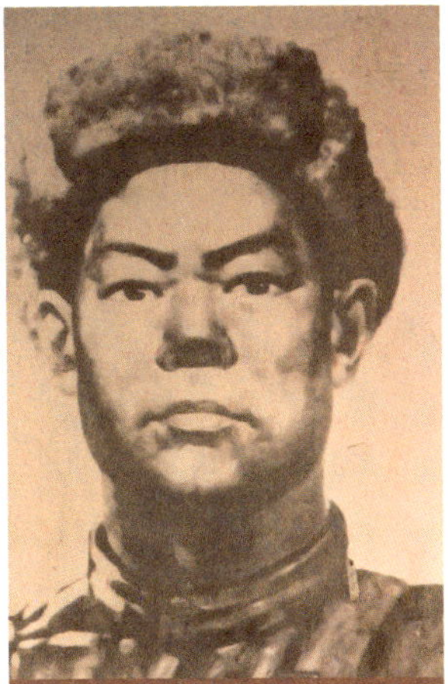

黄继光
（1931—1952）

四川省中江县人，1951 年参加中国人民志愿军。1952 年 10 月 20 日，在朝鲜江原道金化郡上甘岭战役夺取某高地的战斗中壮烈牺牲。中国人民志愿军给他追记特等功，授予"特级英雄"称号。

抗美援朝的时候，县里征集**中国人民志愿军**的新兵。他第一个赶去报名，一心一意要参军，可是在体检的时候，因为个子太矮，一开始没有被选上。他积极要求参军的热情，终于感动了前来征兵的营长。他被破格录取，编进第45师135团9连做通讯员，高唱着“雄赳赳，气昂昂，跨过鸭绿江……”，跟随着部队开上了前线。

中国人民志愿军

中华人民共和国成立初期，中国人民为“抗美援朝、保家卫国”而组成的志愿赴朝参战部队。1950年10月19日，中国人民志愿军在司令员彭德怀率领下，跨过鸭绿江，开赴朝鲜战场。1953年7月27日，战争双方在朝鲜停战协定上签字。至此，历时两年零9个月的抗美援朝战争结束。

1952年10月19日的夜晚，志愿军在朝鲜上甘岭地区597.9高地，对敌人发动进攻，想不到被敌人的一个地堡机枪火力压制住，一批批战友倒下去，没法冲上山坡。指挥这次战斗的营参谋长和连长、指导员都非常着急。如果天亮前攻不下这个敌人的阵地，一夜的努力就白费了，牺牲战士的鲜血完全白流了。

在这个关键的时刻，黄继光和连里的两名通讯员一起主动站出来，请求完成这个任务，消灭这个可恨的敌人火力点。

他们冲了上去。两个战友先后倒下，黄继光也受了重伤，遍身都是鲜血。他抬头看，那个地堡还在吐着罪恶的机枪火焰，再不炸掉它，后面的战友还会受到伤害。

他忍着巨大的痛苦，拖着受伤的身子往前爬，对准那个地堡又投掷了一个手雷，可惜还是没有炸毁它。

这时候，趴在后面的战友在照明弹的亮光下，忽然看见了难以想象的一幕。

黄继光摇晃着身子站起来，张开双臂朝地堡的机枪射击孔扑了上去。敌人的机枪一下子哑了，战友们跳起来冲上山坡，占领了这个血染的高地，取得了最后胜利。

到了这个时候，战友们才发现，黄继光的腿已经被打断了，身上有七处重伤。他的身子后面，拖着一道十多米长的血印。可见他在最后的时刻，是用着多么坚强的毅力，拖着负重伤的身体爬到敌人的地堡面前，使尽最后的气力，勇敢扑上去的。

黄继光的事迹感动了世界。他被中国人民志愿军领导机关追记特等功，授予“特级英雄”称号。朝鲜政府也授予他“朝鲜民主主义人民共和国英雄”的称号。

听完了黄继光的故事，孩子们非常感动，请青铜龙再讲一个志愿军英雄的故事。

青铜龙带着他们接着往前飞了不远，来到另一个地方。

这里是重庆市铜梁区，另一个英雄邱少云的故乡。

他和黄继光一样都是苦孩子，9 岁的时候没了爸爸，11 岁没了妈妈，13 岁就被国民党军队抓去当兵，后来起义加入了中国人民解放军，这才走上了人生的光荣道路。

抗美援朝的时候，邱少云是第 15 军第 29 师第 87 团第 9 连

邱少云
（1926—1952）

四川省铜梁县（今重庆市铜梁区）人，1951年参加中国人民志愿军。次年10月12日，在朝鲜三九一高地反击战中随部队潜伏敌山脚下草丛中，不料埋伏点山草被敌人燃烧弹击中起火，为不暴露部队埋伏点而忍受烈火烧身，壮烈牺牲。中国人民志愿军给他追记特等功，授予“一级战斗英雄”称号。

的战士。1952年10月12日，在敌占区的金化以西，他和全排战友一起埋伏在山脚下，准备夺取391高地。一颗敌人的燃烧弹射来，烧着他身边的野草，把他的身体也引燃了。

青铜龙讲到这儿，孩子们都禁不住喊了起来。

哎呀！ 烈火烧得他有多痛呀！

孝哥着急地问：“怎么办？”

青铜龙说：“其实这也好办，只消在地上打一个滚就可以将火扑灭了。”

杏儿急得满面通红，问：“他打滚了吗？”

青铜龙摇摇头说：“没有。”

虎娃说：“他被烧得那么痛，为什么不把火灭了呢？”

青铜龙说：“不能啊，如果他动一下，就会被敌人发现，整个作战计划就都暴露了。”

孩子们一个个急得快要哭了，追着问青铜龙：“后来他怎么样了？”

青铜龙心情非常黯然，吐出了最后几个字：“他光荣牺牲了，只有26岁。”

喔，原来是这么一回事。

他忍着巨大的痛苦没有动一下，战友们最

后冲上去，消灭了可恨的敌人，取得了胜利。

邱少云也是伟大的英雄，和黄继光一样，得到了最高的表彰。

青铜龙讲到这儿，不再说话了，带领孩子们唱起了一支歌颂英雄的歌曲。

歌唱吧，同志们。歌唱吧，亲爱的同志们。我们为胜利歌唱，我们为志愿军歌唱……

不朽的黄继光，不朽的邱少云，不朽的杨根思，不朽的罗盛教。光辉的名字在全世界传遍，永远是祖国的骄傲和光荣……

杨根思和罗盛教也是中国人民志愿军的战斗英雄，我们要学习他们的革命意志，永远也不要忘记。

攀枝花、攀枝花

攀枝花、攀枝花，是不是攀在树枝上的一朵花？

攀枝花就是木棉树呀！ 树身很直很直，有好几层楼房那么高。鲜红的花朵像盘子那么大，似乎一团团火焰在枝头燃烧。

人们说，这是英雄的鲜血染成的，干脆就叫英雄树。

啊，攀枝花，这个名字真美。

啊，英雄树，这个称呼真好。

攀枝花、攀枝花，仅仅是一朵朵花吗？

不是的，这还是一座英雄城市的名字呀！

金沙江边的攀枝花，传说着一个老地质学家的故事。

攀枝花市的街头，静静耸立着一座铜像。他手握着地质锤，似乎正要迈步走进深山。

他是谁？ 他就是这儿钒钛磁铁矿的发现者常隆庆。从前这儿是一片荒山。他一次次冒着生命危险来到这里，发现了这个珍贵的矿藏。

新中国成立后，巨大的钢铁厂建立了，新兴的矿山城市出现了。钒钛磁铁矿是世界稀有的矿种，含有许多伴生的铬、钴、镍等元素，综合利用的价值很大。攀枝花有了这样的宝藏，一下子就有名气了。

给这个从前没有名字的地方，取一个什么名字好？

干脆就叫作攀枝花吧。

人们没有忘记一生历尽苦难的地质学家常隆庆，给他在这儿塑造了一座铜像，献上一束花。

青铜龙带着孩子们飞上天，飞不多远，瞧见另外一条河流进金沙江。

这是什么河？

青铜龙说："这是雅砻江呀！"

这条河很深、很狭窄，水流湍急，简直和金沙江一模一样。

青铜龙说："在金沙江、雅砻江和附近大渡河交汇的'三江'

地带，有许多大峡谷，水力资源非常丰富，可以修建许多水电站。统统加起来，发电能力是三峡水电站的好几倍。”

孩子们在龙背上朝四面八方看，只见到处都是望不尽的高山峡谷，心里想，这可是修建水电站最好的地方。

青铜龙补充说：“咱们中国有许多高原和高山。特别是三大地形阶梯从西向东一步步下降，一条条河流也是从西向东流，从‘世界屋脊’上流下来，生成了许多大峡谷，可以修建大水电站。特别是地旷人稀的大西部，不用搬迁很多人，也不用拆掉许多古城古镇，多好呀！”

雅砻江

金沙江最大支流，长江第二大支流。源出青海省巴颜喀拉山南麓，到攀枝花市东北三堆子附近入金沙江，全长1571千米。两岸高山矗立，水流湍急，水力资源丰富，是我国水力资源最集中的河流之一。

你看，**雅砻江**计划修建20多个梯级水电站。其中距离攀枝花市区很近的二滩，就建成了雅砻江第一个特大型水电站。它的大坝有240米高，比三峡大坝还高，发电量很大。

二滩上游还有官地水电站，下游有桐子林水电站。一个个大水电站连接在一起，好像一级级水上的阶梯。走遍全世界，也找不到一个地方可以和它们相比。

这就是中国独有的自然资源，这就是中国的特色。

三江口的启示

青铜龙带着孩子们，一口气钻出了金沙江，来到一个三江口。

往后看，那是上游来的金沙江。

往前看，是万里长江的另一段。

往左边看，还有一条江。

青铜龙提醒孩子们说："这就是咱们的'老朋友'，从都江堰流出来的岷江呀！咱们绕了一个大圈子，来到它流进长江的地方了。"

是啊！是啊！这儿的地形也很熟悉，连绵不绝的红色丘陵，和金沙江沿途的高山峡谷完全不一样。

这也是老相识，又回到四川盆地了。

这儿和奔腾咆哮的金沙江大不一样，地势开阔，河道变宽，水势也缓和得多了。

孝哥说："万里长江已经换了几个名字，要再换一个名字才好。"

青铜龙点头说："是呀！长江从四川宜宾起，经重庆到湖北宜昌的这一段，就叫作川江。"

四川宜宾三江口俯瞰。三江口位于四川宜宾境内，因金沙江、岷江在此汇合，长江至此始称“长江”，宜宾被称为“万里长江第一城”。

川江，你好！ 孩子们来拜访你了！

在这个三江口，川江开始的地方有一座古城。

这就是翠屏山下的宜宾。

青铜龙掰着脚爪，向孩子们介绍这个陌生的地方。

知道吗？ 这就是抗日英雄赵一曼的家乡。

知道吗？ 这也是“南方丝路”另一条支路起点的地方。

古时候这里叫戎州，又叫僰道。一听，这里就和西南地区的少数民族有关系。

僰道、僰道，就是联系僰人的古道呀！ 秦始皇统一全国后，为了控制西南地区的夜郎、滇等地方，就在古僰道的基础上，进一步开凿了一条大道。

这条路可和别的大道不一样，因为沿途都是悬崖绝壁，只有五尺宽，就叫作“五尺道”。请别小看这个“五尺道”，它和秦始皇在北方修筑的五十步宽的“驰道”同样重要。

知道吗？ 古时候人们认为岷江是长江的源头。明朝大旅行家徐霞客来到这里，瞧见金沙江比岷江大得多，才纠正了这个说法。

青铜龙刚刚说到这儿，耳畔忽然传来爷爷的声音。

噢，爷爷坐在家里的书斋里不放心，时时刻刻关心着孩子们。

爷爷说：“要研究什么事情，必须脚踏实地到现场观察。从前那些古人只是在地图上看一看，或者听别人传说，就认定岷江是长江的源头，还把这个观点写进一本本书里。徐霞客来到实地考察，才得到了真实的答案。”

是啊！ 是啊！ 有一句古话说：“尽信书，不如无书。”白纸黑字有根据，但并非白纸黑字都是正确的，必须经过研究，考证清楚才成。

是啊！ 是啊！ 孩子们的人生刚刚起步，可别学那种不认真的作风，做什么事情都必须认真才好。这就是宜宾三江口给人们的启示。

记住李庄

青铜龙带着孩子们在宜宾的三江口盘旋，还想多看一下。

爷爷又在耳畔轻轻提示："往前飞，往前飞，接着再往前飞。"

风里飘来爷爷模糊不清的话语："李庄、李庄……"

李庄是谁？

李庄不是一个人，是一个地方，就是"李家庄"的意思。

青铜龙听了爷爷的命令，驮着三个孩子，顺着缓缓往前流淌的川江，挨着白云一直往前飞。

飞呀飞呀，飞过一座座农舍，飞过一个个村庄。前面的江边，有一座很不起眼的小镇。

爷爷指挥它："飞下来，飞下来，在这儿看看吧。"

喔，原来这儿就是有名的李庄呀。

小小的李庄能有什么名气？

有呀，它有1400多年的历史，号称"万里长江第一古镇"，当然有深厚的历史文化积淀，有许多古老的寺庙和民居，都值得好好寻访。

但是爷爷要他们寻访的，并不是这些"九宫十八庙"，而是

抗日战争中的一页历史。

咦，没准儿孩子们会觉得有些奇怪，在抗日战争时期，由于中国军民坚决抵抗，日本鬼子根本没有打进四川。远远藏在这个角落里的李庄，有什么抗战历史？

有的。那不是喊杀连天、浴血奋战的沙场，而是另一种特殊的战斗，另一些战斗者保卫民族文化的特殊经历。

李庄古镇：位于宜宾城东19千米处的长江南岸，素有“万里长江第一古镇”之称，始建于梁大同六年（540年）。抗战时期，全国知名专家、学者在这里创作完成了众多具有世界影响力的学术专著，这里因此被誉为“中国文化的折射点”“民族精神的涵养地”。

那时候，敌人侵占了中国半壁山河。许多学校和科学文化研究单位不得不向西迁移到大后方，继续培养学生，研究重要的科学课题。

第一个来的是有名的同济大学。

上海的一所堂堂大学，搬到这个小小的镇子里，成吗？

只要是抗战的需要，有什么不成的？

李庄地方立刻回了一个电报："同大迁川、李庄欢迎。一切需要、地方供应。"

好样的，李庄！这十六个字凝聚了多么深沉的民族大义。常言道，敌忾同仇，就是这么一回事。

历史，请记住，应该给小小的李庄颁发一枚大大的奖章。

同济大学迁来了，金陵大学等十几个高等学府和科研院所，一个接一个来了。小小的李庄，一下子就成为和重庆、成都、昆明齐名的大后方四大文化中心之一，聚集了许多文化精英。据说那时候从国外写一封信到中国，只消写上"中国李庄"四个字，就可以准确无误送到，可见这儿多么有名气。

在这些科学文化研究单位中，**中国营造学**

中国营造学社

研究中国古建筑的学术团体。1929年成立于北平（今北京）。创办人朱启钤。该社运用文献考证和实地调查的方法，对中国的古建筑进行调查研究。整理出版过一些古代建筑著作，编印有《中国营造学社汇刊》7卷。1946年停止活动。

社非常引人注意。

这是建筑学家梁思成、林徽因夫妇带头创建的一个研究所。他们住在一个竹林围绕的农家小院里，吃着掺了沙子的“平价米”，生病没有药，出门没有车，毫不计较贫困的生活，不畏惧空中敌机的威胁，认真整理研究中国传统建筑。梁思成就是在这里写出了《中国建筑史》，对保护中国古代建筑有很大的贡献。

噢，明白了。爷爷叫青铜龙带着孩子们到这里来，不仅是寻觅从前这些分散在古庙里、农家院落里的大学和研究所的遗迹，还是为了让他们认识一下苦难生活里的那些大学教授、科学家，是怎么坦然面对，奋发图强的。

这也是一种别样的抗战方式，对疯狂的敌人的认真回答：你们想征服中国，灭绝中华文化吗？ 绝对不成！

中国的读书人，就应该是这样的。

不是有一句古话说“威武不能屈，贫贱不能移，富贵不能淫”吗？

文成公主的故事

青铜龙带着孩子们飞上高高的“世界屋脊”青藏高原，一直飞到雅鲁藏布江畔的拉萨城，端端正正落在布达拉宫前面的广场上。

抬头看布达拉宫，它好像天国花园，高高耸立在一座山冈上。金碧辉煌的屋顶，在无遮无掩的高原阳光映照下，散发出金灿灿的光芒，真雄伟极了。

虎娃问：“这是谁修建的？”

青铜龙还来不及开口，学过历史的孝哥就抢先告诉他：“这是古时候的藏王松赞干布，为文成公主修建的。”

杏儿问：“文成公主是谁呀？”

孝哥说：“她是唐朝的公主，有一个故事。”

原来这件事发生在7世纪，唐朝刚刚建立不久的时候。那时，“世界屋脊”上也出现了一个新兴的吐蕃王国。青年国王松赞干布对强盛的大唐帝国和唐太宗非常尊敬，为了进一步发展，派人到长安去请求通婚。

唐太宗点头答应了，就在家族中选了能干的文成公主，出嫁到遥远的吐蕃。

喔，这可不是一般的婚礼。这是历史文化悠久的中原王朝和一个新兴的边疆王国，两个兄弟民族之间的精诚合作，共同开创一页新的历史。

新娘出嫁的日子到了，唐太宗亲自送她出城，还派一个亲王护送她到遥远的吐蕃去。

在她的嫁妆里，除了唐太宗赏赐的金银珠宝和贵重丝绸，还有各种各样的粮食和蔬菜的种子，以及医学、农学和历法书籍，加上各行各业的能工巧匠，组成一支庞大的和亲队伍，把先进的中原文化输送到文化落后的吐蕃。

啊呀呀，这真了不起！世界上有史以来，

布达拉宫：宫堡式建筑群，位于拉萨市西北角的玛布日山上，主体建筑为白宫和红宫两部分。1994年，布达拉宫被列入《世界遗产名录》。

没有一个新娘有这样丰厚的特殊嫁妆。

为了迎接文成公主，松赞干布早就在半路上等着了，高高兴兴迎着她来到当时的逻些（今天的拉萨），还专门为她修建了一座新城堡，就是眼前这座雄伟的布达拉宫。他还在城外修了大昭寺，两个人一起在庙门外面种了两棵柳树，作为民族团结合作的纪念。

喔，原来布达拉宫就是这样来的。

杏儿问："文成公主在这儿习惯吗？"

青铜龙说："她爱上了这个新的地方，没有忘记唐太宗的嘱托，做了许许多多事情。"

孝哥问："她在这儿做了些什么事情？"

青铜龙提醒他："别忘记了，她的嫁妆里有那么多的农业种子、书籍，还有许多种庄稼的好把式和各种各样的工匠。她亲自带头，不仅制定了吐蕃的历法，还教会当地妇女纺织、刺绣，传播了许多技术。工匠们也认真指导当地人养蚕、酿酒、造纸、做墨、制造水磨，让人们的生活大大变了一个样。"

孩子们明白了，这可不是一场普通婚礼，而是汉藏两个民族的真诚友谊、无私的帮扶活动呀！文成公主就是沟通两个民族友谊的使者，永远值得尊敬。古老的吐蕃，也就是今天的西藏，从诞生的那一天开始，就是伟大的中华民族团结的一部分，永远也不能分裂。

江孜英雄城

青铜龙用力一飞，飞过了拉萨和日喀则，一直飞到被一座座雪山围绕的一个高山盆地里。

孩子们骑在龙背上往下看，瞧见了一座小城、一条小河和城里的一座山，山顶上高高耸峙着一座古老的城堡。

这是什么地方？

青铜龙把他们带到这儿来干什么？

看这条河吗？

看这座城堡吗？

青铜龙点点头说："是的。"

杏儿问："这是什么地方？"

青铜龙说："这座小山叫宗山，正好在**江孜**城中间，好像这座小城的岩石心脏。城脚下的这条河叫年楚河。"

虎娃问："这里有故事吗？"

青铜龙说："大老远带你们来，就是要给你

江孜

在西藏地区的历史上，它曾经是仅次于拉萨和日喀则的第三重镇。这里西北通日喀则，东北通拉萨，往南穿过喜马拉雅山墙，可达不丹和印度。它不仅是沟通前后藏的重要通道，也是境内外商旅往来的一个重要歇脚点。

江孜宗山抗英遗址。这里既是江孜人民英勇抗击英国侵略者的历史见证，又是现今唯一保存完整的旧西藏地方政府建筑遗址。

们讲一个故事。”

孝哥问：“是现在的事情吗？”

青铜龙摇摇头说：“不，那是一百多年前的事情。”

那是1904年，英国侵略者从外面打进来，一直打到这儿，妄想再接着打，占领咱们的西藏。当地的军队和老百姓不答应，战争就在这里爆发了。

虎娃着急地问：“他们把敌人赶跑了吗？”

青铜龙叹了一口气，又摇摇头说：“唉，没有呀。英国鬼子的洋枪洋炮太厉害了，咱们这边抵挡不住，江孜城就被他们占领了。”

杏儿问:“这就完了吗?”

青铜龙又摇摇头说:“不,咱们这边来了一次反攻,英国鬼子没提防,我们把江孜城又夺了回来。”

孝哥问:“战斗就这么结束,英国鬼子就撤了吗?”

青铜龙再摇摇头说:“不,他们不死心,再来了一次凶猛的反扑。”

这一次,他们发动了总攻,大炮一阵猛轰,端起上了刺刀的枪,哇呀呀冲了过来。江孜城里的军队、老百姓,加上寺庙里的喇嘛都走上了前线,拿起土枪、大刀、梭镖和弓箭抵抗,整整坚持了 8 个月。直到最后的肉搏战,最后一批战士跳崖牺牲,没有一个人投降。

虎娃问:“喇嘛也参加战斗了吗?”

青铜龙说:“是呀! 在保卫乃宁寺的时候,所有的喇嘛都拿起刀枪抵抗。最后只剩下 14 个人,他们打死打伤几十个敌人以后,全部牺牲了,上演了一场寺庙里的抗英大血战。”

江孜抵抗英国侵略者的故事,一代代流传下来。这是一座名副其实的“英雄城”。

了不起啊! 守卫江孜的英雄,我们永远不会忘记你们。有一部电影叫《红河谷》,讲述的就是这个可歌可泣的故事。

“珠穆朗玛一青松”邬宗岳

在成都理工大学的校园内，一个不显眼的角落里，树荫下静静耸立着一个雪白的石头雕像。他身穿着厚实的登山服，帽子上一副宽大的风镜十分引人注意，一看就是一个饱经风霜的野外工作者。

他是谁？

石碑上刻写着：“珠穆朗玛一青松”——邬宗岳。

邬宗岳是谁？

青铜龙还来不及开口，耳畔就悄悄传来爷爷的声音。

爷爷说：“这是我的同学，也是我的学生呀！”

孝哥好奇地问：“为什么说他是‘珠穆朗玛一青松’呢？”

爷爷说：“他是勇敢的登山队员，牺牲在珠穆朗玛峰上。”

噢，原来是这么一回事。

杏儿不明白，为什么他是爷爷的同学，又是爷爷的学生？

虎娃觉得很稀奇，请爷爷快讲他的故事。

爷爷清了一下嗓子，就讲起他的事情。

原来邬宗岳和爷爷都是重庆南开中学的学生。他比爷爷低

一个年级，从小就喜欢运动，是校内有名的篮球队的队长。1951 年，他报名参军入伍，后来从部队选派到成都地质学院学习，又和从北京辗转到这儿来的爷爷在一起了。他们都在当时的找矿系，却阴差阳错成为师生关系。

珠穆朗玛峰远眺。登山运动员邬宗岳多次从北坡攀登珠穆朗玛峰。珠穆朗玛峰海拔 8848.86 米，是世界第一高峰，有“世界第三极”之誉。

国家登山队成立的时候，身体健硕、意志坚强的邬宗岳，又被选拔进入这个新的集体。在他那短暂的一生中，他攀登了许多山峰，开始了另一个壮丽的生涯，成为真正的运动健将。

1960 年，攀登珠穆朗玛峰的时候，他服从分配，担任最艰巨的运输任务，协助队友从最危险的北坡成功登上顶峰，在高高的世界之巅第一次展开了鲜艳的五星红旗。

噢，知道登山运输队是怎么一回事吗？

他们紧跟着轻装上阵、冲刺顶峰的突击队，背负着沉重的氧气瓶、睡袋、食物和别的补给装备，一步步紧跟在后面，负责支援前方，保障安全。

要知道，他不仅是登山队员，还是特殊的地质队员，还得负责采集岩石标本。所以他和别的队员不一样，还要带上地质锤和其他专业工具，身上的负重比谁都大。

要知道，地质标本可不能随随便便捡一块石头就成，必须在崖壁上敲打出新鲜面，再按照规定，采集 3 厘米厚、6 厘米宽、9 厘米长的岩块，差一点也不成。

想一想，在那地势险恶、山风迅猛、立脚不稳的世界之巅，细心观察，采集一块块岩石标本多么不容易。可就是他，认真敲下了 8 块不同的标本，他是当之无愧的世界第一的珠穆朗玛峰地质学家。

要知道，在高山缺氧的环境中，每走一步都非常困难。背负着这么沉重的东西登山，一步步送上海拔 8500 米的营地，那就更加困难了。

1961 年，他登上新疆西昆仑山脉里，海拔 7595 米的公格尔九别峰。

1964 年，他又登上喜马拉雅山脉中段，海拔 8027 米的希夏邦马峰。这是世界排名第十四，唯一的一座完全在中国境内的海拔 8000 米级山峰，意义特别不同。更加值得一提的是，他还在极端恶劣的气候下，冒着生命危险，一边攀登，一边拍摄了中国登山运动员首次攀登这座高峰的电影，荣立特等功，获得“五好运动员”的称号。在国庆 15 周年的时候，他光荣地登上天安门观礼台，受到毛泽东主席的亲切接见。

1975 年，他担任登山队副政委，兼任登顶第一突击队队长，带领国家登山队又一次攀登珠穆朗玛峰。他不仅要带领队友登顶，还承担了电影拍摄、心电遥测的任务。出发的时候，他举起拳头宣誓说：“只要我还有一口气，就要带领大家登上顶峰。”

他带着突击队上山了，战胜了超过 10 级的高空风，到达海拔 7600 米的营地。在鼻子都会冻掉的情况下，他裸露着手脚躺在雪地上整整 20 分钟，向山下的大本营发射信号，进行心电

这里是高高的“世界屋脊”，最接近太阳的地方。靠近太阳很热吗？不，这儿可不是火炉。这里地势高耸，高山上积满了冰雪。你到这儿来，可别忘记多穿厚衣服呀！这里到处都很冷，冷得像北冰洋边一样吗？不，这里不是遍地白茫茫的冰雪世界。这里有草原，有森林，人们过着放牧、种青稞的自在生活，日子可美啦！

图试验。

那一天，山风特别大，依靠冰镐支撑，侧着身子也站不住脚。他却为了完成任务，冒险解开了安全绳，离开了队友互相保护的绳组，独自落在后面摄影。

队友登顶后，不见了他的踪影。大家顺着原路寻找，在一个高高的悬崖边，发现了他的背包、氧气瓶、冰镐和摄像机，旁边有一道明显的滑落痕迹。他一直跌落到几百米的崖下，永远长眠在珠穆朗玛峰的冰雪怀抱里。

邬宗岳的事迹感动了全国。《光明日报》刊登了他的英雄事迹，为他写了一首诗：

巍巍珠峰云天耸，无高不攀众英雄；
可歌可颂邬宗岳，珠穆朗玛一青松。

孩子们听了邬宗岳的故事，非常感动。

孝哥说："他是真正的英雄。"

杏儿说："我回了成都理工大学，一定要给他的塑像献花。"

徐霞客的故事

青铜龙飞呀飞，飞到了云南省最西南的角落。从天上往下看，有一座圆圆的怪山，猛一看，好像日本的富士山。

仔细看，山顶有一个黑黝黝的大窟窿，深得几乎见不着底。

孝哥问："这是什么地方？"

青铜龙说："这是腾冲呀！"

杏儿问："这是什么山？"

青铜龙说："这是腾冲有名的打鹰山，有一个绰号就叫'小富士'。"

虎娃问："这儿有故事吗？"

青铜龙说："有呀！400多年前，明朝的大旅行家徐霞客到这儿来，当地人就给他讲了一个奇异的故事。"

据说，从前山上长满了大树，山顶的窝凼里有一个很深很深的小湖，谁也不敢走到跟前去。有一次，一些放羊的人赶着羊上山。天上忽然打雷了，劈死了好几百只羊和几个人。雷火引着了森林，接连烧了好几天。山顶的湖水干了，才变成现在这个样子。

徐霞客觉得很稀奇，就把这件事情记下来，写在他的旅行日记里。

孝哥问：“他是从哪儿到这里来的？”

青铜龙说：“他的老家在今天江苏省的江阴市，他从小就喜欢旅行，走遍了今天全国的21个省、市、自治区。”

哎呀！这几乎包括了大半个中国。在没有飞机、火车和汽车的时代，这可非常了不起，可以算是走遍当时的天下啦。

虎娃问：“他跟着旅游团一起去玩的吗？”

青铜龙哈哈笑了："在那个古老的时代，哪有旅行社和旅游团呀？"

杏儿说："他到处看风景，可真会玩呀！"

青铜龙说："不，他可不是普通的游客，看一看、玩一玩就够了。他边走边研究大自然的奇特现象，有真正的科学家的精神。"

孝哥问："除了腾冲的火山，他还研究过什么重要的地理现象？"

青铜龙说："那可就太多了，一下子说也说不完。"

是呀，说起徐霞客，那可真了不起。好男儿志在四方，他从22岁开始就出去旅行。他的母亲非常支持他，专门给他做了一顶远游冠。他自己一个人带着简单的行李，就离开家乡往外走了，除了母亲去世的那一段时间，直到自己54岁死去为止，几乎大半辈子都是在外面度过的。

他走过许多地方，到过许多人们没有去过的隐秘角落，揭开了许多科学谜团。特别是在山高洞深的云贵高原，他常常冒着生命危险，到处爬高山、钻洞穴，对石灰岩地貌的研究，比西方科学界早好几百年，是世界上最早研究岩溶的地质学家。

话说到这儿，青铜龙特别提高了嗓门，对孩子们说："他前前后后旅行了30多年，主要靠两条腿，一步步往前走，连骑马、坐船都很少，有时候还得自己背着沉重的行李跋山涉水，简直就和现在的地质队员一模一样。"

呀！真的是脚踏实地呢！

是啊，他对考察非常认真。在山野里劳累了一天，不管多么疲倦，也不管在外面露宿，还是住在破庙里，他都坚持在昏暗的油灯下面，把一天的收获写下来，不写完日记就不休息。厚厚一本60余万字的《徐霞客游记》，包括山川形势、风土人情、动植物和物产，内容非常广泛，不仅是特殊的旅游文学作品，也是重要的古代地理学著作，直到今天也有重要意义。他是一位名副其实的地理学家。

人们为了纪念他，就把《徐霞客游记》开始写的那一天——每年的5月19日定为中国旅游日，希望大家都学习他的精神，做一个旅游不忘科学考察的新时代的旅行家。

唉，就是在腾冲这儿，他一下子累倒了，生了一场重病，再也不能往前走了，只好停止旅行，被送回江阴的老家。

听了徐霞客的故事，孝哥说："我要好好向他学习，不管走到哪儿都认真研究，认真写一篇日记。不能像平常一样，咔嚓拍一张照片就走。"

杏儿说："我要学习他的勇敢探险和研究精神，什么困难也不怕。"

虎娃捡起一块奇怪的石头说："这个石头很有趣，我要带回家去，放在床边的小柜子上。"

青铜龙笑着点点头，孩子们都像小小的徐霞客呢。

中华人民共和国国歌的作曲家

青铜龙问孩子们:“你们会唱中《华人民共和国国歌》吗？”

“会呀！”

孩子们齐声回答，中国孩子当然都会唱自己国家的国歌。

听呀，他们在高声唱：

起来！ 不愿做奴隶的人们！
把我们的血肉，
筑成我们新的长城！
中华民族到了最危险的时候，
每个人被迫着发出最后的吼声。
起来！ 起来！ 起来！
我们万众一心，
冒着敌人的炮火前进！
冒着敌人的炮火前进！
前进！ 前进！ 进！

在昆明翠湖公园中心位置，有一个醒目的聂耳广场，广场正中是聂耳的塑像，广场两边详细介绍了聂耳的音乐创作作品以及生平事迹。

我们的国歌多么庄严雄壮，多么亲切悦耳。他们唱得真好呀！

青铜龙满意地点点头。不管生活在国内还是海外的中国孩子，都会唱国歌，都爱自己的国歌。

它又问孩子们："知道咱们的国歌，从前叫什么名字吗？"

虎娃说："国歌就是国歌呗。"

孝哥说："《义勇军进行曲》。"

青铜龙又满意地点点头说："对啦！"

它再问："知道这是在什么时候写的吗？"

杏儿说："这是在咱们中华民族危险的时候写的，是一首有名的爱国歌曲。"

青铜龙接着问："你们知道这是谁写的歌词，谁写的歌谱吗？"

虎娃摇摇头，杏儿也摇摇头。

孝哥说："这是爱国文学家田汉写的歌词，聂耳写的歌谱。"

青铜龙又问孩子们："知道聂耳还写过什么进步歌曲吗？"

孩子们都不知道了。

它这才告诉他们："聂耳是人民音乐家，写了许多歌曲。除了《义勇军进行曲》，还有《前进歌》《毕业歌》《开路先锋》《码头工人歌》《新的女性》等，都鼓舞着人们追求真理和革命。"

同学们，大家起来，
担负起天下的兴亡。
听吧，满耳是大众的嗟伤。
看吧，一年年国土的沦丧。
我们是要选择"战"还是"降"？
我们要做主人去拼死在疆场，
我们不愿做奴隶而青云直上。
我们今天是桃李芬芳，
明天是社会的栋梁。
我们今天是弦歌在一堂，

明天要掀起民族自救的巨浪。
巨浪，巨浪，不断地增涨。
同学们，同学们。
快拿出力量，
担负起天下的兴亡。

青铜龙最后问:“你们知道聂耳出生在哪儿吗？”

孩子们都不知道了。

青铜龙这才不慌不忙地告诉他们:“他就是在昆明出生的，这儿还有他的纪念碑呢！”

哎呀！孩子们在美丽的昆明玩了好几天，还不知道这回事，连忙跑到西山的聂耳墓去看看。只见青松翠柏中间，伫立着一个身披风衣、穿着西服的青年的全身塑像。他微微低着头，抬起一只手，迈开一只脚，好像在仔细吟咏一支歌曲的旋律呢。

旁边一块大石头上写着“聂耳墓”三个大字，还有“全国重点文物保护单位”一行小字。

后面的黑色大理石碑上，刻写着“人民音乐家聂耳之墓”一行金色的字。前面石头花圈里写着“1912—1935”，记录了他短暂光辉的一生。

一个“草棚子大学”的故事

这儿是云南，这里是昆明。

青铜龙忽然问孩子们：“你们的爷爷是从什么学校毕业的？”

三个孩子异口同声地说：“南开中学和北京大学呀！”

青铜龙又问：“爷爷的老师是什么学校毕业的？”

孩子们你望望我，我望望你，摇摇头，表示都不知道了。

青铜龙告诉孩子们：“爷爷的老师几乎都是从同一个学校出来的。

孝哥好奇地问：“这个学校也在北京吗？”

青铜龙点点头，又摇摇头说：“其中大部分原来在北京，也有一个原来在天津。”

说完了，它指一指脚下说：“后来都到这儿来了。”

这儿是哪里？是和北京、天津隔着十万八千里的云南昆明呀！

孩子们觉得很奇怪：“这是怎么一回事？”

青铜龙这才告诉他们：“这就是有名的西南联合大学呀！”

原来抗日战争时期，从北方搬来的北京大学、清华大学、南开大学，在这里联合办了一所新学校。三所学校联合起来，就取名为这个名字。

孩子们不明白，北京、天津到昆明那么远，这三所学校是怎么搬来的？

杏儿问："他们是坐火车来的吗？"

青铜龙说："不，那个时候哪有通往大西南的铁路？没有铁路，就没有火车。"

孝哥问："那他们是怎么从北京、天津到这里的？"

青铜龙挺神秘地眨了一下眼睛说："11 路汽车嘛。"

虎娃傻乎乎地问："就是 11 路公共汽车吗？"

青铜龙这才解释说："11 路汽车就是两条腿呀！"

哎呀！从长城边的北京、天津，走到西南边陲昆明，要多少时间哪！孩子们惊呆了，简直不敢相信这回事。

青铜龙说："不管你们信不信，这可是真的。敌人在后面紧紧追赶，不走可不行啊！"

孝哥问："他们是一口气从北京、天津走到这里的吗？"

青铜龙摇摇头说："不，起初他们走到湖南省的长沙，在那儿停下来，成立了一个长沙临时大学。后来鬼子一步步追逼，大家只好一口气搬到西南边陲的昆明了。"

从北京、天津走到长沙，又从长沙走到昆明，多么辛苦呀！真的是八千里路云和月啊！

一个个爱国的老教授走在前面，后面紧跟着青年学生。北大、清华、南开的学生们举起各自的校旗，好像士兵似的雄赳赳气昂昂排着队，迈开步伐朝着南方走去。他们边走边宣传抗日精神，走到哪里就在哪里宣传，好像一支特殊的宣传队，鼓舞民众敌忾同仇，树立争取最后胜利的信心。

那时候的**西南联合大学**是什么样子？

有高楼大厦吗？

没有啊，只有土坯墙和茅草屋顶的一排排平房，哪像大学的样子！

青铜龙说："可别小看了这些破破烂烂的房子，这里培养了许许多多爱国青年学生。有的慷慨悲歌，在那战火纷飞的岁月，立刻走上了保卫国家的战场。有的刻苦学习，一个个成为未来建设国家的栋梁。后来的许多学科带头人，许许多多院士、教授，包括'两弹一星'的元勋，都是从这里走出来的。"

啊！"草棚子"大学也能大放光芒，多么了不起呀！

这是什么原因？

这就是爱国的力量！

西南联合大学

简称"西南联大"。抗日战争全面爆发后，北京大学、清华大学、南开大学迁往长沙，1937年8月合并成立长沙临时大学，设文、理、工、法商四学院，共17个系。1938年4月再迁至昆明，更名"国立西南联合大学"，增设师范学院，扩充至26个系，会集一批著名学者，培养人才斐然可观。抗战胜利后，回迁复校。

“名誉家长”林徽因的孩子们

林徽因是谁？

她是梁思成的夫人，也是著名的建筑大师，曾经参与设计中华人民共和国的国徽与人民英雄纪念碑，有很大的功劳。

这样一位著名的学者，和飞行员有什么关系？怎么会有许多飞行员聚集在梁思成、林徽因夫妇的家里，还请他们当家长？

道理很简单。因为有良知的学者，首先就是爱国者，和这些蓝天战士有共同的志向，还有一个奇异的缘分。

抗日战争时期，梁思成、林徽因夫妇在逃难的半路上，遇着这些飞行学校的学员。这些年轻人没有亲人，到了大后方昆明，就把梁思成、林徽因夫妇的家当成自己的家，常常在这儿聚会。毕业的时候，他们没有家长，梁思成和林徽因自然就作为他们的“名誉家长”，出席毕业典礼。

那时候，情况非常危急。空军学校的学员训练半年就必须上前线，驾着老旧的飞机，和凶恶的敌人进行空战。梁思成、林徽因认识的这些朝气勃勃的小伙子，在激烈的战斗中一个个献出了年轻的生命，牺牲在祖国的蓝天里，化为一朵朵美丽的

位于四川宜宾李庄古镇的梁思成、林徽因塑像。

白云。

那时候，国家非常困难。一架战机损失了，几乎没有新的更换。在他们熟悉的这些飞行员当中，有的是在受伤后，为了保存战机，不愿意跳伞逃生，从空中摔下来，身体和战机都摔得粉碎。

林徽因的身体不好，老是在生病。她一次

次从病床上支撑起身子，双手捧着一个个熟悉的青年飞行员的遗物，哭泣得几乎站不稳。梁思成担心她难受，常常把寄来的遗物悄悄藏起来，不让她知道又有一个孩子牺牲了。

林徽因的三弟林恒也是飞行员。在风雨飘摇的民族苦难时刻，他放弃报考清华大学，选择了参军报国，1941 年 3 月 14 日在成都空战中牺牲。

林徽因含着眼泪写了一首《哭三弟恒》的长诗。

她在诗中说：

> 弟弟，我没有适合时代的语言，来哀悼你的死。
>
> 它是时代向你的要求……

是啊！勇敢的战斗、光荣的牺牲，就是那个时代对所有爱国青年的要求。

南侨机工纪念碑

青铜龙带着孩子们飞呀飞，飞过了云南西部一座座高山，一条条大河，一直飞到南边最远的一个小镇。

哎呀！这儿真热呀！

孝哥问："这是什么地方？"

青铜龙说："这里是畹町。"

虎娃说："这是碗里的一个肉丁吗？"

哈哈哈！错啦！

青铜龙说："这是傣族话，意思就是'太阳当顶的地方'。"

哎呀！火辣辣的太阳正当顶，当然很热啰。

青铜龙落下来，瞧见这个小镇边有一条河，山坡上有一座面前摆满鲜花的纪念碑。

这是什么河？什么纪念碑？

青铜龙告诉孩子们："这就是咱们中国和缅甸的分界河畹町河和'南侨机工纪念碑'呀！"

噢，别瞧不起这个小镇，想不到它是一个重要的"西南国门"。从两千多年前的"南方丝路"开始，古时候从中国内地一

位于滇缅公路国内段起点畹町镇的南洋华侨机工回国抗日纪念碑。

直通往境外的道路，境内最后一个歇脚点就在这儿。出了这个小镇，过了畹町河，前面就是东南亚国家了。

那座面朝南方的纪念碑呢？

青铜龙说：“这是为了纪念抗日战争时期，从东南亚各国赶回来为国服务的爱国华人华侨青年们。”

他们放弃了舒适的生活，一个个踊跃报名，掀起了一次次热潮。3000 多人从不同的地方赶回国，出现了许多母亲送儿子、妻子送丈夫的动人场面，谱写了许许多多爱国的故事。

他们为什么这样？ 因为祖国永远是他们心中最最牵挂的地

方。血浓于水的亲情，在他们身上得到最好的体现。

杏儿不明白机工是什么意思。

青铜龙告诉孩子们：“就是机械工人呀！”

孝哥猜：“把这个纪念碑建立在这儿，表示他们就是经过这个小镇回国的吗？”

青铜龙说：“这是一个原因，但还不算最主要的。这是当时的滇缅公路经过的地方。他们是汽车司机和修理工，沿着危险的山路，开着一辆辆沉重的货车，把战争最急需的汽油和别的军用物资，运送到战时的重要后方基地昆明，再转运到各个打得激烈的战场，支持抗战到底，一直到取得最后胜利。”

那时候，敌人把通往国外的进出口完全掐死了，企图活活困死咱们中国，只剩下这一条通道，简直就是名副其实的“抗战生命线”。打通这条生命线，还是掐断它，就是我们和敌人拼命争夺的焦点。

那时候，在这儿的万山丛中匆匆忙忙修建的公路，坑坑洼洼很不好走。南侨机工冒着翻车、抛锚和敌机轰炸等许多危险，把一辆装得满满的货车开回来，实在太困难了。一路上不知有多少车翻下陡峭的山谷，不知牺牲了多少不远万里赶回来的华人华侨好青年。为了纪念他们，人们就在这里修建了这座面朝南方的纪念碑。

好样的，南侨机工！

好样的，爱国的热血男儿！

从遵义会议到四渡赤水

青铜龙带着孩子们，一下子飞到了贵州。

从天上看，这里有一座小小的山城，城里有一座带宽阔走廊的两层楼房。青铜龙呼啦一下子，落在这座楼房的面前。

孝哥问："这是什么地方？"

青铜龙说："这就是举行遵义会议的地方呀！"

杏儿好奇地问："这是怎么一回事？"

虎娃问："有故事吗？"

青铜龙说："有呀！ 这可是了不起的革命历史故事呢。"

那时候，在博古的"左"倾领导下，红军第五次反"围剿"失利，不得不离开江西南部的老根据地，开始了漫漫长征。敌人在前面堵，在后面追，红军行动非常困难。毛泽东建议改变原来打算到湖南西部和红二、六军团会合的想法，出其不意地打到敌军力量薄弱的贵州省。1935 年 1 月 7 日，红军占领了遵义古城。

青铜龙指着面前的楼房说："遵义会议就是在这儿召开的。会议上纠正了博古'左'倾领导在军事指挥上的错误，确立了实际上以毛泽东为代表的马克思主义的正确路线在红军和中共

中央的领导地位，挽救了党、挽救了红军、挽救了中国革命，是中国共产党历史上一个生死攸关的转折点，标志着中国共产党从幼年走向成熟。”

哎呀，这实在太重要了！

虎娃接着问：“往后还有什么故事吗？”

青铜龙点点头说：“有呀！有了毛泽东的

遵义会议会址，现在成为著名的红色旅游景点。遵义是贵州北部的重要城市，早在两千多年前就已经开发，是中国历史文化名城。川黔铁路和公路从这里经过，使它成为贵州和四川的交通枢纽，现在已发展为工业新城。

指挥，中国革命就大不一样了。”

敌人想在湖南西部追上红军，扑了一个空后，瞧见红军在这儿，也急急忙忙赶上来。红军不能和敌人硬碰，要赶快转移。

孝哥着急问：“敌人赶上了红军吗？”

青铜龙哈哈笑着说：“不成啦！敌人从南从北调了许多军队，妄想用贵州省和四川省之间的赤水河挡住红军。想不到毛泽东用兵如神，一会儿渡到河那边，一会儿又回到河这边，从敌人的缝隙里穿出穿进，弄得敌人摸不着头脑。红军在毛泽东带领下四渡赤水，很快就冲出了重重包围圈，胜利走向长征的前方。”

近现代词窗

忆秦娥·娄山关

毛泽东

西风烈，长空雁叫霜晨月。

霜晨月，马蹄声碎，喇叭声咽。

雄关漫道真如铁，而今迈步从头越。

从头越，苍山如海，残阳如血。

一个小小抗战难童的血脚印

在高高的天空，三个孩子骑在龙背上看，下面的地形很奇怪，像忽然从低处爬上一个坡。

再一看，一串串像小甲虫似的汽车、牛车、手推车，顺着弯弯曲曲的公路慢慢往上爬，卷起一阵阵尘沙，在阴沉沉的天空下，更加显得黯淡无光。路面和两侧的路边，挤满了黑压压的人群。大家都背着扛着大大小小的包袱和箱子，十分焦急和疲惫，朝着北边的山里走去。

仔细看，人群中还夹杂着许许多多孩子，他们哭哭啼啼跌跌撞撞地走着，比成年人更加费劲。如果没有身边的爸爸妈妈拖带着，一个个早就落得远远的。

嗬，这是怎么一回事？

孝哥、杏儿和虎娃不明白，为什么这么多人，急急忙忙朝着那边走去？

青铜龙指着背后的方向提醒说："听吧，那是什么声音？"

孩子们仔细听，一下子听见了。

轰隆隆、轰隆隆……

闷沉沉的声音，一下又一下，说远不算远，说近也不算近，似乎就是从后面不远的地方传来的。

哎呀！那是隐隐的炮声，越来越清晰，仿佛越来越近了。

噢，原来这是一群战火中的难民。在残暴的敌人追赶下，他们正扶老携幼朝着后方逃亡呢。

这是什么地方？

这里就是从广西一路往北，进入云贵高原的路上。

后方在哪里？

那就是前面云雾缭绕的群山，望不尽的愁云惨雾，走不完的崎岖不平道路。人们咬着牙费力赶路，只盼早些走到那边的山里，摆脱紧紧追赶的敌人。

喔，这是一幅现实的流亡图呀！

为了看得更加清楚，青铜龙飞得低低的，低得几乎紧紧贴着这些难民的头皮，可以贴身听见他们的急促呼吸，可是没法真正融合在一起。

这是为什么？因为青铜龙在时间隧道里飞，薄薄的时间壁把他们和难民分开了，他们即使可以看得清清楚楚，却只能站在外面旁观，不能直接接触。

他们看着看着，忽然瞧见一个孩子，牵着妈妈的手，一瘸一拐往前走。他的脚似乎受了伤，身后留下一串串血脚印。

仔细一看，这才瞧见他的脚肿得像一个透明的皮球。从脚板上沁出来的血水，在后面洒了一路。如果没有妈妈不停鼓励他，紧紧牵着不放，他简直就不能再往前走一步了。

妈妈说："走呀！鬼子赶上来了，不走就得死。"

他哭着说："妈妈，我的脚太疼了，歇一会儿吧。"

妈妈拽紧了他的手说："鬼子就在后面，越来越近了，可不能歇呀。"

妈妈弯下身子，仔细看了他的脚，实在没有想出办法，只好流着眼泪把他的鞋帮剪掉，只留下光光的鞋底，用一根草绳子绑住，就这么接着一步步往前走。孩子肿了的脚没有鞋帮约束，稍微松快了一些，可是脚板心还在不住流血，依旧是走一步一个血脚印，一路上拖得长长的，身后隐隐约约留下了一条血路……

孩子们隔着时间壁看着，忍不住流下了眼泪。

孝哥问青铜龙:“我们可以帮他一下吗？”

青铜龙摇摇头说:“不成啊,这是历史。我们可以站在旁边看,可不能走进历史里面。”

唉,这一页悲伤的历史,想不到会是这个样子。

孩子们正在默默看着，忍不住攥紧了拳头，默默流出眼泪。想不到身边忽然传来爷爷的声音。

爷爷告诉他们:“这不是编造的故事。你们瞧见的这个孩子,就是我的一个小学同学。这是他亲口对我说的。”

噢,原来这是爷爷的同学,也是和爷爷一样的抗战难童。

爷爷叫青铜龙带着他们，隔着时间壁看一页页真实的历史，是叫他们牢牢记住，幸福来得多么不容易，可要好好珍惜，不要忘记了苦难的过去呀！

图书在版编目（CIP）数据

刘兴诗爷爷讲中国人文地理．骑龙旅行记．川藏　云贵 / 刘兴诗著．—武汉：长江少年儿童出版社，2023.8
ISBN 978-7-5721-3886-7

Ⅰ．①刘… Ⅱ．①刘… Ⅲ．①历史地理学—西南地区—青少年读物
Ⅳ．① K928.6-49

中国国家版本馆 CIP 数据核字（2023）第 092040 号

LIU XINGSHI YEYE JIANG ZHONGGUO RENWEN DILI·QI LONG LYUXING JI·CHUAN ZANG YUN GUI
刘兴诗爷爷讲中国人文地理·骑龙旅行记·川藏　云贵

出 品 人：何　龙　　策　　划：何少华　胡　星
执行策划：黄　凰　　责任编辑：胡　星
责任校对：邓晓素　　责任印制：邱　刚　雷　恒
出版发行：长江少年儿童出版社
地　　址：武汉市雄楚大街 268 号出版文化城
业务电话：027-87679199
网　　址：http://www.hbcp.com
承 印 厂：湖北恒泰印务有限公司
经　　销：新华书店湖北发行所
版　　次：2023 年 8 月第 1 版
印　　次：2023 年 8 月第 1 次印刷
规　　格：720 毫米 ×1000 毫米　1/16
字　　数：150 千字
印　　张：10
书　　号：ISBN 978-7-5721-3886-7
定　　价：35.00 元

本书图片由视觉中国（cfp.cn）、广州集成图像有限公司（www.fotoe.com）提供。